反冲突
心理学

王洪梅———— 著

苏州新闻出版集团
古吴轩出版社

图书在版编目（CIP）数据

反冲突心理学 / 王洪梅著. -- 苏州：古吴轩出版社, 2025.2. -- ISBN 978-7-5546-2564-4

Ⅰ.C912.11-49

中国国家版本馆CIP数据核字第2024F3G703号

责任编辑：李　倩
策　　划：周建林
版式设计：林　兰
装帧设计：尧丽设计

书　　名：反冲突心理学
著　　者：王洪梅
出版发行：苏州新闻出版集团
　　　　　古吴轩出版社
　　　　　地址：苏州市八达街118号苏州新闻大厦30F
　　　　　电话：0512-65233679　　邮编：215123
出 版 人：王乐飞
印　　刷：水印书香（唐山）印刷有限公司
开　　本：670mm×950mm　1/16
印　　张：11
字　　数：127千字
版　　次：2025年2月第1版
印　　次：2025年2月第1次印刷
书　　号：ISBN 978-7-5546-2564-4
定　　价：49.80元

如有印装质量问题，请与印刷厂联系：010-89565680

前言

为什么人们在彼此的关系出现问题时会吵个不停、互不相让？为什么有时候我们甚至会和自己亲近的人发生冲突？为什么发生冲突之后我们会寝食难安？为什么有些人际关系越吵越健康，而有些关系一吵就破裂？

无论是友情、爱情还是亲情，我们如果处理不好其中的冲突，即矛盾和分歧得不到解决，那么关系中的双方很容易产生误会、伤害、责备，给彼此的内心蒙上阴影，甚至会因此失去很多。

然而，我们大多数人都不善于处理冲突。因为害怕冲突是人的一种本能行为，并且，我们在避免冲突的过程中，会违背自己的真心，欺骗自己，最终使矛盾变得不可调和。所以，我们只有学会勇敢地直面冲突，智慧地应对冲突，才能让一切有所转变。

其实，所有健康的人际关系都经历过冲突的检验。很多美好的、牢固的且持久的关系并不是天然形成的，而是双方共同努力的结果，没有哪一种关系可以一直保持和谐。没有经历过冲突的关系，要么流于表面，要么会走向失败，因为在这样的关系中，有一方或是双方往往为了避免发生冲突而一直委曲求全，得不到应有的重视，缺乏安全感。在这样的关系中，处于弱势的一方很容易变得低沉、卑微、怨天尤人。

我们只有敢于面对冲突，才能识别出哪些是值得珍视的优质关系，哪些是需要改善的劣质关系。任何一场冲突，都是更好地了解自己、了解他人的机会。

人际冲突无所不在、无时不有，但是，只要我们能够正视它、认清它、处理它、放下它，我们就可以化解冲突，拥抱美好的友情、爱情和亲情。因此，能够经营令人满意的关系的诀窍就是拥有不害怕冲突的勇气和聪明地化解冲突的能力。

希望读者朋友在读完本书之后，能拥有应对任何冲突的能力，从而能够圆融地应对各种人际关系。

目录

第一章
有人的地方就会有冲突

冲突无处不在，无可避免 / 002

这些人更容易爆发冲突 / 007

人际冲突的类型 / 012

远离爱抬杠的人 / 017

第二章
冲突都是如何发生的

不良人际互动，冲突的导火索 / 022

冲突就是：有人看到的是"9"，有人看到的是"6" / 027

越亲近的关系，越容易发生冲突 / 031

远离有"冲突体质"的人 / 036

影响人际冲突的三种思维模式 / 041

第三章
我们为什么会
害怕冲突

冲突会带来巨大的精神内耗 / 046

自体虚弱感，害怕冲突者的"标配" / 051

比冲突更可怕的，是你的灾难化想象 / 055

自我攻击比冲突本身更消耗心理能量 / 059

第四章
一味回避
换不来和谐关系

一味忍耐，换来的是冲突债 / 064

不迎合、不顺从 ≠ 攻击 / 068

讨好，并不会让冲突消失 / 073

捍卫自我边界，不做任人拿捏的"软柿子" / 077

第五章
从冲突中提升心智，
改变观念

健康的人际关系也经历过冲突 / 082

应对冲突的五种方式 / 086

化解冲突要避开的三个雷区 / 091

适当地示弱，可以化解冲突 / 096

第六章
倾听，处理冲突的高段位做法

学会"倾听三部曲"，还没开口就赢了 / 102

压力大的场景中，怎样静心倾听 / 107

不要只听攻击性语言 / 112

聆听过程中不要提出建议 / 117

第七章
平复冲突中的情绪

有仇当场就报，只会激化矛盾 / 124

觉察与接纳，降低冲突中的应激反应 / 129

识别、管理冲突双方的情绪 / 133

有效吵架是一种能力 / 139

第八章
管理冲突，打造圆融的人际关系

放弃敌对想法，发展伙伴关系 / 146

直面冲突，打破条件反射 / 152

好好说话，可以化解 99% 的冲突 / 156

化对立为合作 / 163

第一章
有人的地方就会有冲突

冲突无处不在，无可避免

在寒冷的冬夜，两只刺猬冻得发抖，为了取暖，它们抱在了一起，但是很快又被彼此身上的刺所伤。于是，它们又不得不分开。可是，分开一段时间后，它们又被冻得浑身僵硬，不得不继续抱在一起。就这样，反复几次拥抱又分开，分开又拥抱后，它们最终找到了一个恰当的方式，既可以相互取暖又不会刺伤彼此，平安地度过了冬季。

这个寓言中的现象被称为"刺猬效应"。刺猬效应很形象地揭示了人际交往中的一种现象：人们既要彼此合作、互相帮助，又可能因为彼此的差异（身上的刺）而产生冲突（刺痛对方）。人们只有找到恰当的化解冲突的方式，尊重彼此的安全边界，才能既相互取暖，又不会被对方的刺伤到。

1. 有人群的地方，就会有冲突

我们每个人都不是孤立存在的，都会在社会化的过程中与他人产生交集，这个过程就必然会产生人际冲突。因为每个人都渴望从自己的意愿出发，自由行事，渴望独立自主地达成自己的目标，保护自己的利益。同时，我们要时刻与他人保持温暖而有益的联系，因为如果没有同类的陪伴或帮助，我们就会感到孤独、无助。一项临床心理学研究发现，孤独对一个人的伤害有时甚至比每天抽15支烟还大。

然而，人们的独立意愿和渴望陪伴这二者之间又存在巨大的矛盾，因此人际冲突也就在所难免。所以，只要有人群的地方，就必然存在人际冲突。人际冲突无处不在，无时不有。

那么，什么是人际冲突呢？所谓人际冲突，是指两个或两个以上彼此关联的个体因为利益、需求、观念、目标等差异或者地位、情感、愿望等不同而产生的相互抵触、相互争斗的人际现象。

美国密歇根大学心理学教授戴维·巴斯对在校大学生做过一项调查：要求学生详细列出自己所做的令异性抵触和反感的事情，教授把所有的答卷收集整理并分类后发现，仅仅是引发两性人际冲突的因素竟然就有147类！而且，越是联系紧密的关系，越容易发生冲突。

还有一些关于人类行为问题的研究发现：一家人在聚餐时平均每顿饭就会发生3.3次冲突；夫妻或情侣之间，每两周就会有7次印象深刻的意见分歧，每个月就会有一两次很不愉快的争论……

高频的人际冲突，以及由冲突引发的愤怒、敌意、恐惧等不愉快的情绪体验，对多数人来说都是一种巨大的挑战，使人们很难有勇气直接面对。

2. 引发冲突的客观因素

有人认为，人际冲突主要是人们的主观差异所引发的，只要我们努力控制好主观因素就能避免冲突。事实上，这样做依然无法避免人际冲突，因为很多客观因素可能引发人际关系的冲突。而且，这些客观因素常常是在我们意识不到的情况下产生的，很难被觉察和注意，也就难以控制。

（1）自我认知与他人认知存在差异。心理学研究发现，在与他人交往时，我们对自我的认知永远是基于我们的动机来衡量的，也就是说，我们常常认为自己行为的出发点是好的，那么他人也应该认为我们的行为是好的。但事实远非这样。比如，《庄子·应帝王》中有一则神话故事：

儵是南海的帝王，忽是北海的帝王，混沌是天地中央的帝王。

儵和忽两位帝王经常到混沌的宫殿去玩，混沌每次都盛情款待他们。为了感谢混沌的慷慨招待，儵、忽二帝决定报答他。

话说混沌有着很特殊的外表，他没有七窍，不能听、不能看、不能说、不能闻，儵、忽二帝觉得，这样的混沌太吃亏了，因为他吃不到美味、看不到美景、听不到雅乐。于是，他们二人商量替混沌凿开七窍，让他们的这位老朋友能够和他们一起享受一切美好的东西。混沌知道后也非常期待。于是，儵、忽二帝便下大力气，每天替混沌凿开一窍。到了第七天，七窍都被凿开后，混沌却死了……

这则神话故事令我们深思。单从表面来看，倏、忽二帝明明想帮助混沌，是为了对方好，结果好心办坏事，把混沌害死了。估计看到这样的结果后，倏、忽二帝除了万分悲痛之外，也会感到委屈，甚至会拿自己良好的出发点为自己辩护，认为那些指责他们的人不能理解他们的苦心。

从这个案例不难看出：他人对我们行为的评价往往基于我们行为得到的结果。如果我们行为的结果是好的，那么他们就认为我们的动机和行为也是好的；相反，如果我们的行为让他人感觉很不好，即便我们出于好的动机，那么他人也不会因此认可我们。

正是由于双方存在评价标准的差异，自我认知和他人的认知永远有出入，冲突就在所难免。

（2）沟通中的漏斗效应。《吕氏春秋·慎行论·察传》中有一则寓言故事：

宋国有一户姓丁的人家，因为家中没有水井，每次灌溉田地时都要专门派一个人外出打水。后来，他们家终于打了一口井，主人高兴地告诉邻居："挖井得一人。"

这话一传十，十传百，就变成了"丁家打井挖出了一个人"，一时间这成为一件奇事。

宋国国君也非常好奇，就派人到丁家来调查，丁家主人回答："打井之后，我就不用派人去外面打水，节省了劳力，相当于多了一个人干活，可不是从井里挖了一个人啊！"

这则寓言故事告诉我们，当我们和他人交流时，我们想要表达的内容和实际表达出来的内容，以及他人接收到的内容往往存在着误差。

即便我们口头表达的内容没有问题，也可能因为说话语速过快、身体语言和面部表情等而造成误会，从而让对方误解。其中，这些客观因素往往是我们自身很难发现的。

有研究者发现，对于沟通双方来说，如果一方心里想着要表达的东西是100%，当他实际进行表达时，可能只表达出来了80%，而当这80%的内容进入对方耳朵时，因为文化水平、知识背景、理解能力的差异，对方可能只接收了60%，再经过理解和消化，对方最终可能只听到了40%，这就是沟通的漏斗效应。

所以，在现实生活中，我们常常会遇到这样的情形：明明我们已经说得非常清楚了，但是到了对方那里却成了毫不相关的内容了。于是，冲突就这样产生了。

这些人更容易爆发冲突

在一次好友的聚会上，一向活跃的佳明无意中调侃小威的包包很复古，和旁边小白的穿着很搭，因为小白的裙子也很像古董。在场的几个人听后都当成玩笑，哈哈一笑就过去了，但小威当场气红了脸。佳明的话就像一根刺一样扎在小威的心上，令她在整个聚会期间都非常郁闷。聚会结束后，小威便和佳明绝交了。

如果细心观察，我们就会发现：在现实生活中，小威这样的人并不少见。同样一件事，他人只是一笑而过，而小威这样的人往往反应过度，耿耿于怀，甚至为此和他人产生人际冲突。之所以会这样，主要是因为这类人的人格特质。

一般来说，具有以下人格特质者更容易产生冲突。

1. 高神经质人格

案例中的小威就属于高神经质人格，这类人往往具有以下特点。

（1）对负面信息十分敏感。高神经质人群常常能敏锐地捕捉到身边的负面信息，或者把原本的正向信息进行负面解读。就像上述案例中，朋友佳明只是开了个玩笑，并没有恶意。同样被调侃的小白听了哈哈一笑便继续愉快地享受聚会了，而小威从中感受到了佳明的"敌意"，正是她的这种负面解读，让小威自身比其他人更多地体验到了人际冲突。

（2）情绪稳定性比较弱。高神经质人群容易受外部刺激影响，产生很大的情绪波动，且很难平复。上述案例中，同样是面对朋友佳明的调侃，小白一笑而过，而小威的反应却十分激烈——"当场气红了脸""在整个聚会期间都非常郁闷"，事后还余怒不消，和佳明绝交。这种剧烈而持久的负面情绪反应使小威容易冲动和发怒，和他人发生争执。

（3）反复思考和过度担忧。高神经质人群也很容易陷入过度担忧或反复思考之中。比如，有人会担心自己的身体健康：

"喉咙肿了，会不会转成急性咽喉炎，一下子窒息而亡呢？"

"胳膊被蚊子咬了，要不要去医院看看，万一得疟疾呢？"

也有的人会反复思考、回顾自己和他人言谈举止中的一些细节，试图找出可能对自己产生不利影响的蛛丝马迹：

"他刚才看向我的眼神是什么意思？在向我暗示什么？"

"我刚才那样说,她会不会误会我,从此不理我?"
…………

这种过度担忧和反复思考使得高神经质人群情绪容易起伏大,且频繁发生变化。他们在人际关系中容易体验更多焦虑、担忧和疲惫,进而对人际冲突过度敏感。

值得一提的是,随着年龄的增长,特别是到了35岁之后,高神经质人群的神经质水平会逐渐趋于稳定。也就是说,随着一个人身心越来越成熟、社会阅历越来越丰富,高神经质人群的情绪会越来越稳定。而且,一个人对自己、对他人了解得越透彻,就越能有效地和他人进行沟通和互动,更好地应对人际冲突。

2. 随和性低

随和性低的人往往对周围的人、事、物有很低的包容性,他们似乎看什么都不顺眼,几乎抱怨一切。比如:

"后面的车离我的车这么近,万一追尾怎么办?这个司机真是差劲!"

"这个地铁站的指示太混乱了,做指示牌的人是咋想的呀?"
…………

他们的这些挑剔和抱怨当然也会延伸到社会关系中,渗透到与他人相处的点点滴滴之中。比如,他们会经常产生这样的念头:

"他为啥只给小张的微信朋友圈点赞，对我的微信朋友圈却置之不理？他是不是看不起我？"

"领导为啥总把这种难任务交给我做？是看我好欺负吗？"

……

随和性低的人就如同随时会炸刺的刺猬，总是以激烈的言辞和态度不断地表达自己的不满和无奈，他们所体验的人际冲突当然也比一般人的多。

一般来说，在年轻的人群中，随和性低的人往往更多一些，所谓"年轻气盛"，中年人、老年人则会变得相对随和。

3. 经常忧虑自己被抛弃

经常担心自己被他人抛弃的人往往在童年时期和抚养人之间有着不健康的依恋关系，要么经常更换抚养人，要么抚养人对孩子的情感容易忽略，使得这类人总是担心身边的"重要他人"会离开自己或抛弃自己。

这种担忧和恐惧如果不能得到及时、有效的干预，这类人在成年以后在与人相处时，为了缓解担忧和恐惧带来的压力，他们会回避人际交往或是过度控制他人，进而产生更多的人际争端，或者制造紧张的人际关系，从而引发更多的人际冲突。

4. 酒精依赖

酒精依赖会导致严重的身心疾病，那些长期酗酒的人往往都有严重的心理问题和行为问题，如焦虑、抑郁、自卑，有暴力倾向、人际关系紧张等。

在一项研究酒精效应的实验中，研究人员邀请同一批男性分别在清醒与喝醉两种状态下观看一段录像。结果发现，醉酒状态下的男性对录像内容的评价往往更加尖酸、刻薄，比清醒状态下有着更大的敌意和更多的怨言，有的甚至出现暴力言行。

研究还发现，酒精依赖者容易被焦虑情绪淹没，常常感到无法控制的紧张和恐惧，表现为喜怒无常、情绪不稳定，而这种状况又容易让酒精依赖者对他人的评价异常敏感，容易选择性地关注那些负面评价，或是曲解他人的正面评价。

而且，在酒精的作用下，酒精依赖者的判断能力、控制能力会大幅降低，使他们在社交场合容易冒犯他人，说出伤害他人的话语，或者做出令人不快的举动，引发他人的负面评价或抵触情绪。最终，酒精依赖者会经历更多人际冲突。

虽然具有上述人格特质的人群更容易经历令人不快的冲突，但这并不意味着具有上述某种人格特质的人就被判"社交死刑"。事实上，任何人的人格都不是单一的，人往往是多种人格的复合体。而且，每一种单一人格，都各有优缺点。比如，高神经质人群往往有很强的共情能力和反思能力，他们如果能充分利用这一优势，反而更容易拥有和谐的人际关系。

人际冲突的类型

由于冲突性质、表现形式的不同，人际冲突的类型也是多种多样的。认真识别所面临的是哪一种类型的冲突，将会有利于我们更好地认识冲突，进而采取更有效的方法化解冲突。

1. 显性冲突 VS 隐性冲突

从表现形式来讲，人际冲突可以分为显性冲突和隐性冲突。

（1）显性冲突。从字面意思就可以看出，显性冲突是一种很外露的、表现明显的人际冲突，可以说是"一言不合就爆发"，其主要表现为：

一是，冲突双方相互指责、攻击，产生激烈的争论，很容易引发外界关注。

二是，冲突双方都想在言语上扳倒对方、控制对方，主要表现为用强势的语言或行为打断对方。比如，用"你应该""你必须""你给我"等居高临下的命令性语言来压制对方。

三是，冲突双方处于情绪失控的状态，如语速很快、声音高

六、脸红气促、手势繁多，有的人还会使用威胁性的语言、语气，甚至诉诸暴力。

四是，冲突双方有时会使用带有贬损、攻击性的语言，意图打击对方的自尊、损害对方的利益。

上述这些表现就是冲突引发的，同时也会使冲突进一步迅速升级，达到难以收场的地步。

一旦陷入显性冲突，我们首先要努力控制好情绪，或者从冲突现场脱身，暂时回避，当确认冲突双方都比较冷静、情绪都很平稳时，再约谈如何解决冲突。

如果无法回避冲突，那么我们要对自己的言行负责。对于自己的不当言行，我们要及时、诚恳地主动道歉，以缓解冲突。

不要急于求成，指望冲突能在一夕之间得到解决。对于一时无法解决的冲突，我们可以暂时搁置，给彼此时间和空间冷静考虑，以便找到更好的解决办法。

（2）隐性冲突。隐性冲突往往不易被发觉，甚至冲突双方都无法觉察，但这种冲突一旦爆发，其危害往往更大。隐性冲突的主要表现有：

一是，冲突双方表面和气，但心存戒备，甚至彼此怀恨在心，口服心不服。

二是，如果屈于形势不得不合作，冲突双方会被动服从，但缺乏交流，甚至质疑对方的意见和建议，消极抵制，拒不合作。

三是，冲突双方会暗地里讥讽对方，指摘对方的做事方式、为人处世等。

四是，冲突双方会嫉妒对方的成功，对对方的损失幸灾乐祸，甚至会暗地里耍手段，故意做出有损对方利益的事情。

在应对隐性冲突时，不论对方表现如何，我们首先要主动开放自我，开诚布公地表达想法和感受。比如，你作为美术排版部门的主管，因为前一流程部门（编辑部）的工作进度有些慢，使你所在部门的后期工作会有堆积而无法应付，此时，你不妨和编辑部主管商量一下：

"最近编辑部的稿件赶得怎么样了？我能不能大致了解一下进度，以便更好地安排我部门的工作？"

如果我们这样和对方沟通，无论对方抱有什么样的心态，只要他还愿意把工作做好，往往会采取合作的姿态，与我们好好沟通。

面对隐性冲突，我们如果不得不和对方长期共处，不妨多一些包容，尽量调整自我，协调彼此的步调，如包容、理解对方的生活习惯、价值观等。更重要的是，我们要多找恰当的时机促成和对方的交流、了解，减少彼此的猜忌，多求同存异。

2. 建设性冲突 VS 破坏性冲突

从冲突的性质来讲，人际冲突可以分为建设性冲突和破坏性冲突。

（1）建设性冲突。所谓建设性冲突，是指冲突各方的目标是一致的，但是在实现目标的过程中因采取的方式和途径不同而产生了分歧和冲突。建设性冲突往往具有以下特点。

一是，冲突双方抱有一个共同的目标，都愿意积极、热心地达成这一目标。

二是，冲突双方都持有开放的态度，愿意围绕焦点问题交换信息、进行讨论，并愿意更多地了解彼此的意见和想法。

建设性冲突是一种积极的良性冲突。它可以促进冲突各方的发展和成长，有助于解决问题和改善关系；建设性冲突有利于发现利益共同体内部存在的问题，及时采取措施进行纠正；建设性冲突能激发冲突各方的创造力，使其更好地适应不断变化的外部环境；建设性冲突有利于促进良性竞争，提高利益共同体的效率。

美国通用电气公司是世界上最大的动力巨头跨国公司，以其出色的管理闻名于世。曾在通用任总裁的韦尔奇谈到公司的内部管理时说道："建设性冲突能够让不同观点交锋，碰撞出新的思想火花，有利于管理者顺势推动改革与创新。"韦尔奇甚至会经常和其他管理层面对面地辩论，有意引发建设性冲突，目的是在冲突中发现问题、改进管理。

另一位通用总裁斯隆也非常看重建设性冲突。斯隆在通用电气公司管理层工作了33年，在他的任期内，通用电气公司的市场占有率上升了近5倍。在他看来，这个成果很大程度上要受益于管理中层出不穷的建设性冲突。斯隆每次主持会议时，与会人员常常会争论得面红耳赤，各种不同观点互相碰撞、火花四溅。在斯隆看来，如果一个公司只能听到一种声音，没有任何不同思想的碰撞，那么这个公司的管理和决策一定存在问题。

（2）破坏性冲突。所谓破坏性冲突，是指冲突各方的目标不同，或是因资源和利益分配产生矛盾而出现的巨大分歧，其特点如下。

一是，双方只关心自己的利益和想法，不肯听取对方的建议和意见，不论其是否合理，一概排斥。

二是，从争论问题上升到人身攻击，并最终演变成争斗。

三是，不肯交换有价值的信息，更多是负面情绪和攻击性言语、行为的输出，使冲突愈演愈烈。

四是，破坏性冲突会导致恶劣的后果，使双方关系破裂，各自损失加剧。

破坏性冲突往往会给冲突各方的利益带来毁灭性的破坏，使各方人员陷入紧张、焦虑之中。对冲突各方来说，它实际上是一种巨大的内耗，使双方完全失去合作的可能。

心理学和行为学上经常提到螃蟹效应：如果用敞口竹笼装螃蟹，装一只螃蟹时，它很容易就能爬出竹笼逃跑；如果装好几只时反而很少有螃蟹能逃跑成功，因为只要有一只螃蟹想要爬出竹笼，其他螃蟹就会扯住它的腿，把它拽下来，最终所有螃蟹都跑不出去。

破坏性冲突带来的螃蟹效应就是原本可以合作的各方因只顾自己的利益而彼此扯后腿，互相争斗、内耗，使组织的力量耗竭，组织成员的利益也随之受损，并且自食其果。

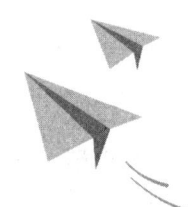

远离爱抬杠的人

当冲突发生时,并不是每个人都值得我们耗费时间和唇舌去进行沟通,即不要指望他们能够和我们一同合作把冲突处理好。比如,如果对方不具备反思能力,或者对方就是爱抬杠者,那么,相较于认真地和对方讨论、沟通,试图化解冲突,不如远离这类人,去做更有意义的事。

拥挤的地铁车厢里,一个人不小心踩了另一个人的脚,却没有任何道歉的意思。被踩的人很生气,向对方嚷道:"你踩了我的脚!"踩人者漫不经心地回应道:"怕踩?!怕踩你把脚放在家里啊,那我肯定踩不着啦!"

显然,案例中的踩人者就属于爱抬杠的人。所谓爱抬杠,就是以对抗为目的,以抬杠为乐趣,不论他们自己是否占理,不论对方说什么,也不论彼此争论的是什么内容、持有什么观点,他们张口就是反驳和否定。即便事实摆在眼前,他们也能把白的说成黑的,对的说成错的。这类人往往是为了争论而争论，至于争论的内容是什么，他们并不关心。他们唯一的目的就是"战胜对方"，他们最擅长的就是消耗对方的精力，让对方在愤怒和狂躁中彻底沦陷。

那么，爱抬杠者是怎样"炼成"的呢？

如果认真研究爱抬杠者的言行，就会发现他们的言谈举止中带有很强的攻击性。按照心理学的解释，他们之所以喜欢抬杠，主要是因为他们在成长过程中累积了大量的压抑情绪，或是当下遭受了挫折、烦扰，心理压力无处宣泄，于是便以抬杠的方式随机找到一个替罪羊，对替罪羊进行言语攻击，以达到宣泄情绪的目的。这种现象与精神分析学派创始人弗洛伊德的发现相符：罹患心理疾病的个体会通过语言把情绪宣泄出来，缓解心理上的压力，从而使心理疾病得到好转或治愈。

除了以攻击他人、宣泄负面情绪为乐的爱抬杠者，还有一种被称为"反驳型人格"的爱抬杠者，这类人的特点是，当他人表达观点时，他们喜欢第一时间跳出来打断、插话、反驳，不论他人说什么，他们的第一句话常常是"你说得不对""不是这样的"……

心理学认为，这类爱抬杠者具有反驳型人格，他们常常会在人际沟通中采用强硬的姿态否定、打压他人，对他人的观点、要求或情感表达一概予以反驳或抵制，以此来获得优越感和存在感。他们会有这样的表现，往往源自以下三方面的因素。

1. 成长环境

临床心理学研究发现，在成长过程中，一个人如果大部分时间都处在充满矛盾、争吵或缺乏关爱与温暖的环境中，那么，这个人成年后往往会表现出反驳型人格特质，喜欢与人抬杠。

因为抬杠会挑起与他人的争端，这样就复制了他们从前的成长环境，这样的环境虽然在他人看来是非常恶劣的，但对他们而言是自己所习惯了的，出于惯性，他们会觉得这样的环境反而是安全的，是令他们心安的。

2. 认知偏差

具有反驳型人格的人往往存在认知偏差，他们倾向于把他人的意见或建议看成对自身尊严的挑战，以及对他们自我价值的否定，而不是有益的建议或反馈。为了回击对方的挑战和否定，维护自身的尊严和自我价值，他们就会倾向于反驳对方的观点。他们沟通的目的不是讨论双方的观点和想法是否合理，而仅仅是反驳对方，在反驳的过程中维护自我认知。

3. 僵化的自我边界

具有反驳型人格的人往往有着过于僵化的自我边界。这类人往往会认为，一旦自己认同或接受了对方的观点，就相当于被对方同化，与对方融合，会失去自我，这种恐惧会让他们倾向于和他人唱反调，以保持"自我边界感"。

无论是哪种诱因引发的爱抬杠，如果在现实生活中，我们不幸遇到了爱抬杠者，最好的应对方式就是告诉对方"你说得非常对"，然后转身离开。

对于爱抬杠、不讲道理的人，沉默比辩解有力，赞同比回击有效。爱抬杠者和人争辩的目的就是寻求认可、获得存在感。你如果反驳他们,就会被他们视为对他们的冒犯,他们会以牙还牙,给你带来更多毫无意义的争端。而你一旦向爱抬杠者表示认同和肯定,他们就达到了自己的目的,便会立即偃旗息鼓,不再进行无谓的争辩,你也就可以把更多宝贵的时间和精力用在有意义的人和事上。

远离爱抬杠者,更重要的是避免自己成为爱抬杠者。具体来讲,我们应该怎么做呢?

1. 培养绿灯思维

所谓绿灯思维,就是一种开放的思维方式和心态,能够接纳不同,拥抱多元。当他人提出和自己不同的观点或看法时,我们不要急于反驳,要耐心听他人说完,并尝试换位思考:"对方说的这个观点能用到我自己身上吗?会对我自己有哪些帮助呢?"

2. 培养同理心

减少以自我为中心的思维定式,多多尊重和理解他人,学会站在他人的角度来观察和思考问题,多多理解和接纳他人的观点和表达,承认世上没有绝对的对与错,不做无意义的争辩,从而建立更加健康、更加和谐的人际关系。

3. 提升解决问题的灵活性

当与他人的观点和想法产生分歧时,我们要试着理性、灵活地面对问题、分析问题,尽量从多角度思考解决方案,克服固执的性格和狭隘的思维方式,提高解决问题的能力,避免与他人的对抗和冲突。

第二章
冲突都是如何发生的

不良人际互动，冲突的导火索

研究人际冲突的心理学家唐纳德·彼得森在多年的观察中发现，不良人际互动是引发人际冲突的重要因素。不良人际互动的常见类别有：指责、拒绝、蔑视、回避、无理要求。其中，指责、拒绝、蔑视、回避被称为"末日四骑士"，比喻这四类互动会给人际关系带来毁灭性的破坏。

1. 指责

指责，是指在人际交往中，一方对另一方的错误或不当行为提出批评、进行责备，带有责问、怪罪的意思。

无论是在与亲人、朋友还是在与工作伙伴的相处中，一个人指责他人很容易导致对方产生防御心理和对立情绪。因为指责常常是对他人自尊和自我价值的贬低，引发被指责者的负面情绪，如挫败、羞辱、被否定，使被指责者感到自己被严苛地对待、被攻击等。为了对抗这些负面情绪，被指责者往往会启动防御系统，还击指责自己的人，引发人际冲突，这不但会伤害彼此的关系，而且会让沟通和交往变得十分困难。

通常，人们会把指责他人划分为三个等级。

第一等级是指责对方的言行，主要是对对方的某个行为、言论或是习惯表达不满和批评，比如：

"你为什么总是不及时回复我的信息？"

"我说过多少次，要把衣服挂起来，不要乱扔，你就是不听！"

"你的这个工作总结写得太潦草了！"

…………

第二等级是批判、指摘对方的价值观、处事原则或信念等，比如：

"你总是不及时回复我的信息，说明你根本不在乎我！"

"你总是乱扔衣服，把客厅搞得一团糟，你一点也不关心家事！"

"你工作总结写得这么潦草，对工作太敷衍了！"

…………

第三等级是进行人身攻击，攻击对方的个性、人品，比如：

"你根本不在乎我的感受，只顾着你自己舒服，你就是个自私鬼！"

"你一点也不关心家事，完全没有责任心！"

"就连工作你都敷衍，可见你是个不值得信任的人！"

……………

随着指责等级的升高，引发的冲突也会越来越激烈，对双方关系的破坏性也会越来越大。

2. 拒绝

拒绝是指人际交往中，一方请求另一方做出期待中的反应，但另一方视而不见，充耳不闻，不做任何回应。比如，双方见面时，一方伸出手想与另一方握手，表示友好，但另一方对此视而不见，不肯伸手回应，这就会让伸手示好的一方感受到被拒绝。

需要说明的是，这里的拒绝，往往回绝的是对方合理的期待和要求，而不是过分的要求。这种拒绝带给请求方的感受是自尊受到了伤害，有被忽视、被隔离、被排斥的感觉，它会让请求方就像被侮辱或被训斥一样感到受挫和愤怒。

对于高自尊、自我价值感较高的人来说，被拒绝带给他们的影响相对会小一些，他们遭受拒绝后还会继续寻求新的关系，寻求与更友好的人相处。

而对于低自尊、自我价值感较低的人来说，被拒绝会损害他们的依恋感和归属感，使他们感受到被驱逐的屈辱和被抛弃的恐惧，进而降低他们在人际交往中的控制感，甚至会摧毁其中一部分人的自我价值观。这类人遭受拒绝后，不会马上离开，会继续接近拒绝他们的人，但会心存恨意，甚至会伺机报复。

3. 蔑视

蔑视，是指在人际交往中，一方对另一方表现出轻视、不屑、不尊重的态度或行为。它传递出这样一种情感和看法：对方很低劣、不值得重视，含有轻视、贬低、鄙夷、厌恶的意味，常常表现为对对方冷嘲热讽，说话尖酸刻薄，或是通过不友善的肢体语言，如用白眼或者斜睨对方来表达。

以下一些言行不论是有意还是无意的，都会使对方感受到自己被蔑视了。比如：

（1）不搭理对方，对对方的存在视而不见、充耳不闻。例如，当 A 走向 B，明显表现出想要找 B 谈话的姿态时，B 看到后却故意转身走开。

（2）忽略对方所说的话，或在对方说话时故意打断。比如："好了，你说的这个根本不值一提，我们来说点儿要紧的事吧。"

（3）故意忽略对方的电话、信息、提问，不予回应。

（4）把对方排除在谈话之外。

（5）贬低对方的贡献或需求，认为其微不足道。

4. 回避

回避，是指人际互动中，一方逃避交流，拒绝和对方展开对话，排斥所有不同意见，不接受任何方式的解决方案。这个举动往往会传递给对方这样一个信息：你无关紧要，不值得我在你身上花费时间和精力。

回避可能是出于某种程度的自我保护，但过度回避，让自己像蜗牛一样待在壳子里，同时让对方觉得自己面对的是一堵铜墙铁壁，就会使对方产生挫败和怨愤的情绪。

5. 无理要求

无理要求，是指在人际交往中，一方向另一方提出超过正常期望的要求，进行不公平的索取。比如，你刚刚加班熬了两个晚上，十分渴望好好睡一觉，恢复一下体力。你的朋友明知这种情况，却仍要求你晚上陪他去通宵看电影，否则你就是不重视你们之间的交情。这个要求不但会让你感到很过分，而且会让你觉得自己被严重忽视。

面对无理要求时，一个人常常会觉得对方根本不在乎自己的权益，甚至是在牺牲自己的利益来满足对方的期待和要求，这种行为会让人感觉是在侵害自己的边界，更是在否定和贬低自己。这往往会使接收无理要求的一方产生愤怒和怨怼的情绪，会简单、粗暴地拒绝对方以进行报复，进而引发人际冲突。

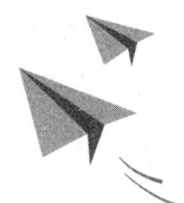

冲突就是：有人看到的是"9"，有人看到的是"6"

一位国王让几个盲人摸一头大象，并问他们各自摸到的大象是什么样的。

摸到大象腿的盲人回答："大象就像一根大柱子！"

摸到大象鼻子的盲人回答："大象又粗又长，像一条大蟒蛇。"

摸到大象耳朵的盲人回答："大象像一把扇子。"

摸到大象身体的盲人回答："大象就像一堵墙。"

摸到大象尾巴的人则回答："大象又细又长，像一根绳子。"

他们都认为自己是对的，谁也不服谁，争辩个没完……

在现实生活中，我们有很多人也和故事中的盲人一样，把自己看到的局部当成整体，把自己听到的只言片语当成真理，并且固执己见，最终和他人起了冲突。

1. 冲突，与我们对事实的解释有关

哈佛大学的一项研究指出：人与人之间的冲突，只有很少一部分和事实本身有关，而大部分都和冲突双方对事实的不同解释、不同看法有关，同时也和冲突双方的价值观有关。

同一部门的两个人A和B，面对一笔公司拨款，A认为应该把这笔钱用来提高产品质量，在他看来，只有把产品做得无可挑剔，才能赢得消费者的口碑，产品才有销路，才能让这笔钱发挥最大效用；而B则认为，这笔钱应该用在产品宣发上，因为在他看来，只有先提高产品的知名度，让消费者知道、了解产品，才能提高产品的销量，否则，即使产品质量再好，也无人问津。二人为此争执不休。

在冲突中，我们每个人都觉得自己是对的，认为对方的观点和立场是有问题的。实际上，我们每个人的经验都是有限的，都存在一定的片面性，就像摸象的那些盲人所描述的一样。

对此，我们不要试图去纠正与自己认知不同的人，要保持开放的心态，接纳人与人的差异性和人们认知的多样性，接受并尊重每个人都有自己的独特经历和独到观点。

而且，如果我们能够透过现象看本质，就会发现我们每一次和他人在认知上产生分歧时，对我们来说其实都是一次难得的学习机会。正是在这种差异化的碰撞中，我们可以交换不同的观点、开拓彼此的视野，发现新的想法和观念，从而增长知识和见识，在更高

层次上丰富自己的思维和认知。

2. 冲突，是不同认知的碰撞

不同认知的相互碰撞，不但可以帮我们全方位地理解一件事、一个人，做出更明智的决策，而且可以激发更多的创新。比如，一个工作团队中，每个成员都有着不同的专业背景和工作经验，彼此看待同一个问题的方式自然各不相同，难免会产生分歧和争论，但正是这些极具差异性的观点和想法，让团队成员有机会从各个角度更全面地审视问题，最终做出更加科学、合理的决策。

苹果创始人史蒂夫·乔布斯在设计 iPhone 时最先提出了触屏手机的概念，这一理念可以说是一种天才式的创新，因为在当时的市场上，物理键盘手机大行其道。

最初，乔布斯的这一想法遭到了多数人的反对和质疑，人们纷纷从各自的角度反驳他。比如，有人认为他的这种设计不符合以往的使用习惯，不易操作，等等。然而，这些反对意见不但没有使乔布斯放弃自己的初衷，反而使他通过借鉴这些反对之声不断优化、完善自己的创新理念，最终使得 iPhone 触屏手机从一个创新概念真正落地生根，成为领导智能手机市场的先锋产品，甚至彻底改变了手机行业的格局。

从这个意义上来说，如果我们能够勇敢地面对认知差异、拥抱认知差异，它就会成为我们通往成功的桥梁。

3. 认知差异带来解决问题方式的不同

认知差异的不同会使人们在解决问题的方式上也存在差异。比如，有的人倾向于通过逻辑分析来解决问题，而有的人则注重通过情感表达和人际沟通来解决问题。这种差异会使双方在解决问题时产生冲突和分歧。在这种情况下，双方如果能够相互尊重彼此的想法，努力寻求其中的平衡点，就可以避免冲突，维系和谐的人际关系。

4. 认知差异带来沟通方式的不同

认知差异同样会带来沟通方式上的差异，进而引发冲突。比如，有的人在沟通过程中倾向于解决问题，而有的人在沟通过程中则注重情感交流。这种差异往往导致两类人在交往中产生误解和冲突。

当注重情感交流的人遇到问题时，他们更希望通过倾诉来缓解压力、宣泄情绪、化解冲突，但倾向于解决问题的人会觉得这是在浪费时间，会建议直接解决问题。在这种情况下，双方如果能够意识到彼此之间的这一差异，能够互相理解和尊重彼此，寻求沟通的契合点，就可以最大限度地避免冲突。

认知差异是导致人际冲突的重要因素之一，如果我们能够通过深入沟通和协商很好地理解彼此之间的这一差异，求同存异，换位思考，深入地共情，给彼此更多包容，那么我们就能够避免冲突，建立更加健康和稳定的关系。

越亲近的关系，越容易发生冲突

在日常生活中，我们常常看到这样的现象：人们总是把最坏的脾气、最刻薄的语言展示给家人、朋友，而对那些关系一般的人反而比较客气、友善，甚至表现得十分彬彬有礼。而且，关系越是亲近，冲突也就越多。比如，夫妻之间，会因为对方吃饭吧唧嘴而吵一架；亲子之间，会因为是先写作业还是先看动画片而引发家庭战争；好朋友之间，会因为是先吃饭还是先逛街而闹得不欢而散……人们会这样，主要是因为以下四个原因。

1. 信任、安全的关系让坏情绪"无所顾忌"

在多数情况下，我们只敢对最亲近的人发脾气，如父母、爱人、孩子、挚友。因为面对最亲的人，我们的潜意识告诉我们，哪怕我们暴露了自己最坏的一面，他们也不会轻易离开或抛弃我们。所以，我们敢于在亲近的关系里放肆、任性，不需要去小心翼翼地维持彼此的关系，不用担心会被对方拒绝。

亲密关系带给我们的安稳、信任、归属和爱往往具有"情绪收容所"的功能，这种安全的保护环境有时会让我们心理上产生"退行"。所谓"退行"，就是一个人的心理或行为退回到婴儿期或是遭受心理创伤的时期，表现为以自我为中心、情绪化，这是一种心理防御机制，在亲密关系中十分常见。在安全的人际关系中，我们回归为一个任性而放纵的小婴儿，潜意识里知道身边的人会包容我们、呵护我们，所以我们敢于把自己最坏的一面留给亲近的人，不害怕和亲近的人发生冲突。

从这个意义来说，我们在享受亲密关系所带来的幸福感的同时，也要承受这类关系带来的伤害。

2. 在亲近的人面前，"假自体"功能减弱

自体心理学创始人海因茨·科胡特认为，我们的内在常常会有两个"我"：一个是真实的"我"，被称为"真自体"，它会真实地表达一个人的心理诉求和内在感受，想哭就哭，想笑就笑；而另一个"我"则是为了维系各种社会关系而诞生的"假自体"，健康的"假自体"是人们为了符合社会期待而生发出来的生存面具，可以让一个人在与他人互动时更得体、更具有正常的社会功能。

比如，一个人和同事沟通时，明明认为同事的主意很差劲，但出于利害关系，这个人一般不会当面戳穿，可能还违心地说"你的这个点子，我会重点考虑"，这就是我们的"假自体"在发挥功能。

而在亲密、安全的关系中，当我们不需要任何社交面具伪装自己时，这种"假自体"功能往往会陷入休眠状态，那个任性、脆弱、不假思索的"真自体"就会跳出来，让我们敢于表达真实的情绪，敢于说想说的话、做想做的事，坦然做自己，以至于我们自己

的颓废、情绪失控都可以肆无忌惮地表现在最亲密的人面前。因为我们潜意识里相信，亲近的人早就了解、接受了我们最真实的样子，哪怕我们和他们有分歧、有矛盾，也不用顾虑利益得失，所以我们很难控制自己的情绪，以至于和亲近的人发脾气。

3. 攻击，是一种较强的情感联结

"打是亲，骂是爱"，这句话形象地描述了亲近关系中的一种类型——亲人之间、朋友之间，总有这么一类人：他们对身边的人动辄就是批评、指责、嘲讽，甚至打骂，三天两头就要和对方吵一架，甚至不吵架，他们都不知道怎么开口说话。

在这类人眼中，骂对方意味着爱对方。心理学把这种互动关系称为"攻击型亲密"，指的就是亲密关系中的一方或双方通过批评、指责、打骂这种带有攻击性的方式和对方建立情感联结。

相较于和和气气地交流和互动，攻击性的表达更能让亲近的双方感受到彼此强烈的存在感和互动性。所以，很多时候，朋友之间、夫妻之间原本想表达关心和爱，结果话一出口就成了指责和埋怨。比如：

> "让你出门多穿点衣服，你就不听，是吧？！那你感冒时别找我！是你自己作出来的！"

有的人明明十分担心、惦念对方，结果脱口而出的话却成了愤怒和讽刺，比如：

"这么晚了,你还回来干吗?!你一个小姑娘还要辛苦走夜路,睡在学校里多好!"

以上这样的互动是很多亲密关系中的常态,即通过释放情绪和攻击来表达爱意和关心,把伤害对方当作联结关系、联络情感的主要方法。在心理学上,这也是一种"退行"的表现,是一种病态的亲密关系认知。

4. 越亲密,要求越高

"爱之深,责之切",说的也是亲近关系中的一种现象:越是自己亲近的人,我们越是表现得很苛刻;对那些不相干的人,却总是很宽容。这主要是因为我们往往会把自己很多美好的期待投射到亲近的人身上,希望他们能满足我们自己的内在期望,哪怕明知自己的期待很离谱。

比如,有的夫妻会希望另一半变成自己心目中近乎完美的样子;有的家长一心盼望自己的孩子"成龙""成凤",成为最优秀的孩子。所以,当他人的孩子考了99分,这些家长会觉得非常棒,而当自己的孩子考了99分时,他们一定要问问孩子,那1分是怎么丢的……

一旦亲近的人达不到我们的期待,我们就会失落,就会出现负面情绪,甚至觉得无法接受和容忍,就会指责、批评、贬低对方。

亲密关系中之所以会出现这种情况,往往是因为我们混淆了自身和亲近之人的边界感,把亲近的人和我们投射的形象混为一谈,侵犯了亲近之人的边界。所以,即便是最亲密的关系,我们也应该明晰双方的界限。

在亲密关系中发泄情绪、释放攻击性，并不会帮助我们解决任何现实问题。而且，在这个世界上，任何一个人都没有责任和义务一直承载我们的坏情绪和攻击行为，即便是最亲近的人之间也不应该。我们如果在亲密关系中不断地增加负面能量，长此以往，再牢固的关系也会产生隔阂。

远离有"冲突体质"的人

无论是生活中还是工作中,我们都免不了和他人产生冲突,这是一个不争的事实。然而,有的冲突和分歧可以帮我们拓展认知、汲取知识,从而以更新的角度思考问题;而有的冲突则是一种可怕的人际摩擦,它除了会让我们的情绪变得糟糕之外,还非常消耗我们的时间和精力,最终把我们的人际关系搞得四分五裂。

之所以会发生这种情况,往往是因为冲突中的一方或是双方可能带有激化矛盾、使摩擦升级的性格特质或是言行特点。我们要尽量远离以下这五类人,更要避免成为这五类人。

1. 喜欢小题大做的人

在正常情况下,我们大多数人都不愿意面对冲突,都喜欢息事宁人。但凡事总有例外,在现实生活中,总有那么一类人喜欢制造矛盾或冲突,使冲突升级。

比如,有些人就喜欢小题大做,明明只是一件小事,他却非要把事态扩大。举个例子来说,和朋友约会,朋友因为临时有事而迟到了几分钟，这类人就大发雷霆，不依不饶，夸张地把后果说得十分严重，非要朋友正式道歉，还历数朋友之前的种种不当言行，严重伤害朋友的自尊心。

再比如，明明大家都在正常地讨论问题，并没有攻击哪个人，但喜欢小题大做的人偏偏无中生有，指责对方话中带刺、指桑骂槐。举个例子，对方说："我们应该严格抓一下最近的工作纪律，查一查迟到、早退的情况。"喜欢小题大做的人就会跳出来质问对方："你这不是在针对我吗？我不就是昨天迟到了5分钟吗？你这是在挟私报复！"这类人这样的言行可以说是在无理取闹，甚至偏离正常的话题。

在争论中，喜欢小题大做的人常常会让对方感到被冤枉、被误解，甚至被羞辱，激发对方的对抗情绪，引发双方的愤怒或焦虑，失去冷静，导致双方偏离沟通的重点，无法进行开放和诚恳的对话，使得原本可以简单解决的问题复杂化，从而无法理性地维护人际关系，使冲突升级。

2. 动辄人身攻击的人

面对冲突时，有的人无法就事论事，而是由事件上升到随意评判对方的人品和形象，甚至用具有伤害性的话语来侮辱、攻击对方。比如，"你这个想法真是愚蠢""没想到你居然是这么工于心计的人"……原本可以进行有效对话及建立健康、互动的局面就这样被这类人的几句话破坏了。

还有一种话语虽然表面上不带有侮辱性和攻击性，但仍然会引发冲突，那就是给他人"贴标签"。比如，"你总是这样""一直以来，你都是……"用这样带有结论性和评判性的语言来概括对方的整体个性。这类的言语实际上是把对方在单一事件中的表现上升为对对方整体品行的评判，而且听上去这个品行似乎是对方的一个性格缺陷。

比如，当我们写了一份工作报告，主管评价"你的报告内容不全面，显得不是很专业"，我们的第一感觉是主管在提醒我们：这个报告做得不是很成功，需要改进。

而如果主管的评价是："你看问题总是很片面、很不专业，所以才会弄出这样一份报告。"我们听后就会觉得，对方在评价我们本人很片面、很不专业，会感觉自己受到了攻击，很容易就会产生防御性的反应，觉得主管的评价有失公平，便心生不满，可能还会和主管展开辩论，发生冲突。

3. 傲慢自大的人

有益的争论都有一个重要前提，就是双方是在一个平等的关系上进行友善的沟通。但有一类人却倚恃自身的年纪、阅历、口才等优势，总认为自己最了不起，喜欢居高临下地和他人对话。这类人的言谈之间会流露出蔑视对方的态度，对他人不够尊重和信任。

比如，当他人在讨论中提出自己的意见时，这类人就会迅速打断："你这个不值一提，不要在这里浪费大家的时间。"这类人总是以这种强势的态度对待他人，就像教育自家孩子一样，无所顾忌。这种傲慢的态度和言行自然会伤害他人的自尊，引起他人的反感和反驳，进而引发冲突。

4. 控制欲强的人

有些人在人际互动中表现出很强烈的控制欲，这类人喜欢不停地向他人提要求、评判他人，明示或暗示他人要为他们的感受或情绪负责。这类人的口头禅往往是："你这样做，根本就是不在乎我的感受！""你这么说，我怎么能开心得起来呢？"

和控制欲很强的人相处时，如果发生了糟糕的事情，他们会想尽办法把一切责任都归咎于他人，认为自己没有任何问题，不应该承担任何责任。

控制欲很强的人总是带给身边人很强的压迫感和窒息感，让人觉得似乎一直在面临某种威胁，无法放松地做自己。因为控制欲很强的人很会情感操纵他人，让他人觉得自己身上有很多问题，只有解决了这些问题，克服了这些缺点，才能和对方融洽相处，或是才有资格出现在对方面前。一旦他人对自己的问题无动于衷，控制欲很强的人就会表现得很愤怒，认为他人妨碍、影响了他们。他们会用各种方法，甚至是用情感绑架的方式让他人深陷内疚、不安，直到他人压抑自己的意志和想法，乖乖听命于他们为止。他们根本不在意他人真实的情绪和感受，通过情感打压让他人变得委屈、压抑、小心翼翼。

然而，越是喜欢控制他人的人，越容易体验到很强的失控感。同时，他们对他人的控制也很容易激发他人的对立情绪，这样就容易引发双方的失控情绪，导致冲突。

5. 倾向于过度表达的人

有些人在和他人进行沟通时有着极强的表达欲,很少给对方说话的机会。他们对他人的想法和需求毫无兴趣,这就很容易引起对方的不满,让原本有益的争论变成糟糕的争吵和冲突。

具体来说主要表现为:他们多数时候并不是在认真讨论内容本身,更不理会争论的内容之间的逻辑关系,也提不出任何建设性的意见,而擅长把话题转向周围的每个人身上,把大家卷入偏离主题的方向上来。

有时,他们甚至把自己打扮成一个受害者,在争论的过程中,揪住对方说话时的语气、谈吐、措辞等问题不放,把对方曲解成一个"蛮不讲理、傲慢自大"的人,而他们自己则是"一心要好好解决问题,却被冷嘲热讽"的受害者。这样做,就会让对方承受极大的心理压力。于是,倾向于过度表达的人便借助舆论压力干扰了正常的争论和交流。

当我们遇到上述这五类人时,最好远离他们,不要和他们发生冲突,把时间和精力用在享受好时光和好心情上。

影响人际冲突的三种思维模式

相信我们都能够理解这样一个事实——一个人的思维方式会影响他的情绪和行为，进而影响这个人的人际关系。下面我们就来了解一下影响一个人人际关系的三种思维方式，看看它们是怎样引发人际冲突的。

1. 不恰当的归因模式

研究人类行为学的观察者发现，在和谐的人际关系中，双方似乎都愿意尽量把对方的所作所为、所言所行进行积极正向的归因。简单来说，就是在和谐的关系中，双方会把对方好的言行归因于人本身，而把那些不尽如人意的言行归因于外部因素。

比如，当一个人做了一件令人高兴的事情时，与之关系和谐的另一方就会认为"我就知道他会做出这样让人愉快的事情，因为他就是那么好的一个人呀"。这样的归因成了彼此更加欣赏对方的佐证。当一个人做了一件不是那么令人满意的事情时，与之关系和谐的另一方会把这种行为归因于外部因素，比如，"我能理解他为什么会有这样的纰漏，因为他最近工作压力太大了。他以前可从来不这样的"。

从中我们不难看出，关系和谐的双方会用积极的归因来定义彼此的言行，无形中使双方的关系更加紧密、友好。研究者把这种模式称为"幸福归因"，它会让关系中的双方更加欣赏彼此，较少有冲突的发生。

而关系糟糕的双方，他们的归因模式恰恰与之相反：一方做了好事，另一方往往倾向于进行外部归因。比如，丈夫在妻子的生日那天买了贵重的礼物给她，与之关系糟糕的妻子会想："他买的不会是假货吧？不然他怎么会突然舍得给我花钱了？"甚至会想："他是不是在外面做了对不起我的事，想买个礼物来讨好我，求我原谅？"

所以，关系糟糕的双方会把彼此的不当言行归因于个人特质，而将彼此好的言行归因于外部因素。研究者把这种模式称为"不幸归因"，这种归因模式使双方都带着成见看待对方，曲解、误会彼此的善意和良好动机，这样引发冲突也就在所难免。

2. 自我中心化

自我中心化，是瑞士儿童心理学家让·皮亚杰提出的一个概念。它最早用来描述儿童在成长早期阶段的一种心理状态，即处于成长早期阶段的儿童总是从自己的角度思考问题，认为他人看到的世界和自己看到的是一样的。

后来，自我中心化也被用来描述成人的不正常心理状态，是指一个人完全根据自己的需要来理解和判断周围的人和事，很难换位思考，看待问题极为主观。比如，他们会倾向于认为，他人应该和自己有相同的价值观或行为准则，最为典型的想法就是：

"我对你好，你也应该对我好。"
"我不会犯这样的错误，你也不应该犯这样的错误。"
…………

他们用这样的方式来要求他人时，必定会遭到他人的抵触和反感，并且他们自身也会感到失望、沮丧，最终会影响双方的关系。

严重自我中心化的人还会强力控制他人和自己一样，特别是对身边比较亲近的人，会严苛要求他们。他们忍受不了对方和自己不一样，以及不理解自己。比如，一个女士在看到一些情节悲伤的电视剧时总是伤心落泪，而她的老公认为这只是电视剧而已，没必要过度投注自己的情绪、情感。这个女士对此非常气愤，认为老公冷血无情，再联想到平时生活中老公不能理解自己的诸多细节，她甚至认为自己嫁错了人，一度考虑过离婚。

3. 非黑即白思维

有着非黑即白思维方式的人看待周围的人和事往往会很极端，认为所有的人和事要么"好"，要么"坏"，要么"对"，要么"错"，不存在其余的可能。这是一种认知扭曲的思维模式，具有这种思维模式的人身上存在很多社会适应不良的特征，如焦虑、有侵略性人格特质。

用非黑即白思维思考问题的人往往对他人或自己缺乏客观、公正的评价，容易让自己和他人陷入对立之中，引发冲突。而且，这种思维模式带有强烈的情绪色彩，使持有这类思维的人对不符合自己观念的人和事感到不满和愤怒，无法接纳世界的多样性和灰度，他们缺乏灵活性、耐性、包容性，容易封闭自我，这些容易影响社交关系和情绪健康。

奥地利精神分析学家、客体关系理论创始人梅兰妮·克莱因认为：非黑即白的思维模式是一种幼稚的、儿童期的思维模式，这类人容易情绪化，常常会有"糟糕至极"的念头。

比如，有个人的同事以前经常和他打招呼。突然有一天，这个同事可能因为心里想着别的事情，遇见的时候忘记和他打招呼了。于是，他就觉得对方一定是因为某件事而看自己不爽，不搭理自己了，他便开始主动疏远这个同事，对方便莫名其妙地就被这个人排斥了。

具有非黑即白思维模式的人，常常把"必须""应该"挂在嘴边。比如，"我本来应该怎样怎样""我必须如何如何"。这种思维方式不但给他们自己带来巨大的压力，而且会使他们把这些想法投射给身边的人，要求他人也必须按照他们心目中的固定模式行事，否则他们就会苛责对方，说"你总是让我失望""你从来不支持我"，并由此认为对方是"坏"的、是"错"的。而一个人或一段关系一旦被这类人归入"坏"的、"错"的类别时，他们就会启动极端化思维，行事冲动，并快速远离对方，使双方关系破裂。

第三章
我们为什么会害怕冲突

冲突会带来巨大的精神内耗

有调查显示，刚刚步入社会的职场新人中，有65%的人会因为人际关系紧张而被迫离开原来的岗位，不得不另觅工作。另一项调查也表明，在大学毕业生的职场困扰中，有78%的大学毕业生认为，人际关系紧张是最主要的因素。

事实上，人际矛盾、人际冲突，不只职场新人害怕，对于大多数社会人来说都是十分令人困扰的问题，甚至会带给人们巨大的精神内耗。

1. 人际冲突——人类最深的恐惧之一

可以大胆地说，没有哪一个正常人喜欢面对人际冲突。因为与他人发生冲突会给我们带来很多负面的结果。比如，使双方关系出现紧张与对抗，互不相容，彼此之间互不理解、互不信任，产生拒绝、敌意等不良情绪和行为，甚至我们的自身利益也会被冲突损害。

从这个意义上来说，冲突意味着破坏、暴力，随之而来的是愤怒、失望的负面情绪，也意味着那些令人焦虑、紧张的悬而未决的事情。不仅如此，冲突还会引发很多现实问题——身心健康问题、人际关系问题、工作效率问题，甚至可能带来暴力或犯罪，这些都会让我们实实在在地感受到自己处于危机之中。

有心理学者认为，冲突带给人的恐惧是人类最深的恐惧之一。因为即使是世界上最勇敢的人——那些几乎每天都在和死神打交道，强大的内心可以抵御死亡所带来的恐惧的人，当和其他人产生冲突，与最重要的人断联时，他们也都会为之色变——害怕身边重要的人离开，让自己陷入孤独和被孤立之中，这是人类最深层的恐惧之一。有些人甚至因为害怕与人断联而甘愿放弃真实的自己，目的是逃避冲突。

2. 未被解决的冲突会反复伤害我们

我们如果缺乏解决人际冲突的能力和手段，就会让那些危险且有害的破坏性冲突反复发生，也就是说，只要它们没有被解决，它们所引发的伤害、怨恨和愤怒就会一直残留并不断地累积，把冲突双方一次又一次拖入可怕的、糟糕的情绪中，冲突双方会反复因为同样的问题而不断发生争执，最终陷入人际矛盾的泥淖之中无法自拔。

反复出现的冲突会让双方产生一种令人绝望的习得性无助，伴随着不安、沮丧和愤怒。这些情绪会让冲突双方觉得自己被困在周期性的恶性循环中，一直提心吊胆的，总是担心随时随地会重新面对那些令人头疼不已的人和事，哪怕只是一点点的分歧，都会让人感到如坐针毡，造成非常大的精神内耗。

3. 冲突会激发创伤体验

有的人在面对人际冲突时会大脑一片空白，不能说、不能动，甚至听不到对方在说些什么。待冲突结束后，他们又会因为自己当时的表现而产生严重的羞愤或自责。

这种大脑一片空白、无法言说、无法行动的状态往往是心理创伤的重现。一个人和他人发生争吵或情绪对抗是一种应激事件，对于那些在成长过程中有过心理创伤的人来说，严重的应激事件会触发他们曾经的创伤经历。

比如，一个孩子被父母严厉地批评之后，他会因为害怕而想逃离父母，于是他就躲到自己房间，把门反锁上。但孩子的这种举动在父母看来可能是在挑战他们的权威，于是父母更加愤怒，把孩子从房间拉出来，更加严厉地批评孩子。这样一来，孩子就会产生一种错觉：自己无论逃到哪里都会被惩罚，这个世界上没有一处安全的地方能够保护自己。这种巨大的焦虑和恐惧对一个孩子来说如同灭顶之灾。慢慢地，孩子的这种体验会成为一种创伤体验。

为了应对这种可怕的感受，更是出于自我保护，孩子的内心世界会发展出一种防御机制——让体验和情绪冻结住，让所有的感知陷入一片空白，无知、无感，这样自己就感受不到那种无处可逃的恐惧感，也就避免了冲突带给自己的伤害。

当这种防御机制被延续到成年时，这个人再次面对激烈的冲突时，他的脑海中会立即闪回小时候的情境，仍然觉得无力保护自己，就会下意识地退回到当初那个小孩子的状态，再次冻结自己的体验和情绪，把自己封闭起来、保护起来。

所以，有心理创伤的个体在面对冲突带来的极端压力或痛苦时，就会激活自身的创伤体验，重新体验那种无助、紧张、绝望的感受。这种感受会让他们觉得，一旦和他人发生冲突，他们的人际关系就完了，自己也跟着完了。

4. 引发巨大的内耗

人际冲突处理不好，会造成严重的自我消耗，尤其是精神内耗。

所谓精神内耗，是指一个人在对自己、对他人、对人际关系或者事件的认知、评价上耗费了太多心理能量，内心产生剧烈的冲突，却没有开展有效的行动。精神内耗的一个突出表现就是人感到心累，并伴随着无助感和耗竭感。

人际冲突引发的内耗还会给我们的心理、身体、行为和人际关系等方面带来消极影响。

在心理方面，人际冲突所引发的糟糕结果会让人的内在不断产生消耗，引发大量的负面感受和情绪体验，如悲伤、痛苦、焦虑、愧疚、悔恨。这些情绪会消耗巨大的心理能量，如果持续的时间太久，我们就会感受到强烈的无助感和悲观体验，甚至会罹患抑郁症、焦虑症。

在身体健康方面，人际冲突引发的持续而巨大的内耗会让我们身心俱疲，出现亚健康状态，如食欲不振、失眠、免疫力下降。更为严重的是，它还会引发疾病，如偏头痛、心血管疾病、三叉神经痛、肿瘤等。

在行为方面，人际冲突引发的内耗会让人无休止地自我怀疑、十分自卑，表现为做事拖拉、畏首畏尾、优柔寡断，行动效率严重下降。

在人际关系方面，人际冲突对人际关系的影响是最为明显的，主要表现为：对人际交往更加敏感、恐惧，产生退缩和逃避行为，严重降低人际交往质量。

人际冲突还会导致我们无法正确地处理自己与他人、自己与环境之间的关系，在人群中会感到强烈的不自在。与人相处时，往往带着极强的怀疑和戒备，会被人际关系中一些微小的问题困扰，与他人关系紧张，无法与他人建立深度的情感联结，常有孤独、无助之感。

自体虚弱感，害怕冲突者的"标配"

"唉，算了，没什么大不了的，这种事忍一忍就过去了。"

这是很多人面对冲突和矛盾时的口头禅，他们往往选择忍让、逃避，能躲就躲，并用类似上述的话来宽慰自己。即便是被他人无理指责、被不公平地对待，他们最先想到的也不是站出来维护自己的正当权益和尊严，而是选择沉默、退让。因为他们十分恐惧与人发生冲突，比起和人争论，他们宁愿让自己吃亏，息事宁人。

这类人为什么如此害怕与人发生冲突呢？

1. 害怕冲突，是缺乏安全感的表现

害怕冲突，可能是缺乏安全感的表现。害怕冲突的人，他们的内在世界往往没有形成强大、稳定的内核，就如同没有打好地基的房屋一样，有点风吹草动就会东倒西歪。内核不稳的人一遇到冲突就会产生恐惧、无助等负面情绪。心理学上把这种情况称为"自体虚弱感"。

缺乏安全感、自体虚弱感的根源，往往和一个人的成长经历

有关。一种可能是，这类人在小的时候，可能经常目睹父母的争吵等。当他们身处家庭风暴的漩涡时，却没有一个人来安抚他们，任由他们被恐惧、无助的情绪淹没。这就会形成一种创伤。当这类人成年后再次面对人际冲突时，他们会瞬间被拉回到童年时父母争吵的场景中，仿佛自己又变成了那个手足无措、万分无助的小孩子，无力面对冲突。

还有一种可能是，害怕冲突的人有一对过于自恋、强势的父母，父母否定、挑剔、漠视孩子的需求，不允许孩子有自己的想法，甚至会以暴力的形式压制孩子。孩子不敢反抗父母，不敢表达自己的需求和权利，甚至还要承受来自父母的各种负面情绪，成为父母的出气筒，还有可能遭受更为严厉的惩罚。

上述两种情况都可能对孩子造成心理创伤，当这些创伤内化为潜意识，就会影响一个人的自我认知和行为模式。比如，害怕冲突的人，在他们的内心始终有一个声音在说："我不够好，我不够强大。我是如此脆弱和无力，是没有能力和他人对抗的。"这种内在的声音会削弱一个人面对冲突的勇气，使他们即便在成年以后，也不敢与上司讨论加薪问题，不敢拒绝同事，因为他们担心这些举动会惹他人生气，会让他人对他们产生不满，从而使自身受到惩罚。

2. 回避型防御机制

童年创伤还会使我们发展出回避型防御机制。

防御机制，是一种存在于潜意识中的自我保护功能，是人们为了避免精神上的痛苦、紧张、焦虑、尴尬、罪恶感，在心理上进行的一种调整。比如，当一个孩子觉得如果和成人发生正面冲突会招来更严厉的惩罚时，他就会采取逃避冲突的方式来保护自己，这就是一种防御机制。

回避型防御机制可以在早年时保护那个无力还击的"小孩"，让他免受进一步伤害。

但是，如果这种回避型防御机制一直延续到成年，成为一个人应对所有人际冲突的固有方式，就会变成个人成长的阻碍，带来很多心理问题和人际困扰。

3. 重新养育自己，看到自身的潜力

我们无法回到童年，改变那些带给我们创伤的人和事，但我们可以自我抚育，重新养育我们内在那个受伤的"小孩"，通过给予内在"小孩"无条件的关注和爱，培养出强大、稳定的自体。

一旦有了强大的自体，我们就不会再害怕冲突，甚至可以锻炼自己解决和他人发生冲突时应对的能力，提升自己应对冲突的勇气和技巧。

当我们在冲突中感到害怕、无助，担心自己会被更严重地伤害和报复时，请阻止这种情绪的滋长，并且告诉自己："这些情绪是我的内在创伤引发的，是那个受伤的内在'小孩'的情绪，不是我本人的情绪……"

所以，从即刻开始，让我们学习直面冲突——当冲突发生时，敢于为自己发声；当感到不舒服时，敢于表达自我，敢于维护自己的边界，不再压抑自我，学习恰当地展现自己的攻击性。慢慢地，我们就会发现，曾经令我们害怕的那些外部力量其实并没有那么强大，我们自身也并不像自己想象中那么脆弱、无助，反而潜藏着未

曾发现的巨大力量。

奥地利著名精神病学家、心理学家阿尔弗雷德·阿德勒说过这样一句话："决定我们现在的不是过去的经历，而是我们赋予经历的意义。"

如果我们能够不再纠结于过去的创伤带来的伤害，而是赋予它积极的意义，看到其中蕴藏的机会，那么我们就会把痛苦转化为成长的动力，让自己更强大，更智慧地面对并解决人际冲突。

比冲突更可怕的，是你的灾难化想象

如果留心观察，我们就会发现，所有害怕冲突的人，他们的内心往往都对冲突有着灾难化的想象。比如，他们坚定地认为：与他人发生冲突就一定会使双方撕破脸，导致关系破裂，自己会被厌恶、被孤立，甚至成为生活中没人关心或职场上被打击、被报复的可怜虫……在这些可怕念头的驱使下，他们当然很容易对冲突产生恐惧和逃避心理。

1. 灾难化想象

灾难化想象是一种普遍存在的思维方式，通俗来讲，就是一种凡事都往最坏的方面想的思维倾向。

具体来说，所谓灾难化想象，指的是我们考虑一件即将发生的事情时，倾向于不切实际地假设这件事会带来最坏的结果，并坚信这种最坏的结果肯定会发生，而且绝对可怕，自己毫无能力承受。

显而易见，灾难化想象会给人们带来很大的困扰。就拿孩子没考上理想大学这件事来说，倾向于灾难化想象的人会认为：孩子没考上理想大学，前途就完了。因为在他们看来，孩子没考上理想大学就意味着孩子将来找不到好工作，找不到好工作就意味着孩子以后的生活会成问题，生活都成问题的人就不会有好的前途……

再如，做生意的过程中因为一时疏忽赔了不少钱，有着灾难化想象的人就会认定自己从此一败涂地，永远不会有翻身的机会了……

从中我们不难看出，倾向于灾难化想象的人往往会有两种思维定式：一种是把负性事件的后果想象得无比严重，另一种是把自己的承受能力和应对能力想象得无比弱小。

在心理学中，认知行为流派的治疗师提醒我们，思维方式会引发情绪反应和躯体反应。经常浮现的灾难化想象往往会引发一个人的焦虑、抑郁，甚至是饮食失调、强迫症以及其他和压力相关的疾病，让人变得非常脆弱，导致人们不得不逃避那些会引发灾难化想象的事件，以避免压力和痛苦。

从这个角度来说，人们之所以害怕冲突，很大程度上是因为他们对冲突有着灾难化想象。他们面对冲突时产生的焦虑和恐惧并不一定是冲突本身造成的，而是源于他们在冲突面前如何解释冲突给自己造成的影响。当他们的想法涉及将冲突灾难化和可怕化时，其后果就是使自身对冲突感到极大的焦虑和恐惧，并努力回避冲突。

2. 灾难化想象可能来自童年经验的迁移

害怕人际冲突，认为人际冲突会带来灾难性的后果，这种思维倾向可能来自一个人儿时与父母之间冲突模式的迁移。

那些害怕冲突的人，他们在成长过程中往往有着控制欲很强的父母。在父母的"强权"之下，他们不能表达自己的想法，更不能提出异议，否则就会遭到父母严厉的斥责。久而久之，父母的这种专制管教使孩子把表达异见、阐述分歧和遭受惩罚与对惩罚的恐惧情绪直接关联，致使他们习得了一种认知：不能和他人发生冲突，否则会遭受灾难性的后果——严厉的惩罚。

带着这种认知成长起来的个体，遇到人际冲突时就会把童年的经验迁移到成年后的生活中，仍旧以孩童时期的冲突应对模式来处理成年后的人际冲突。

3. 夸张地弱化自己的能力，认为自己无力面对冲突

灾难化想象会使害怕冲突的人夸张地弱化自己的能力，认为自己无力承受人际冲突，害怕他人对自己的负面评价。在潜意识中，害怕冲突的人会认为，在和他人进行交往时，自己不应该使他人感到不快，如果有人因为自己的言行而感到不开心，甚至对自己抱有敌意，那一定是自己做错了什么，才会让对方有那样的情绪反应。

在害怕冲突的人心中，和他人发生冲突是一件非常让人焦虑、恐惧和无法承受的事情，他们认为人际冲突一定会造成自己人际关系的不和谐，这会让自己陷入绝境。

这样的人性格中往往有着低自尊的特点，自我价值感也非常低。在潜意识中，他们认为自己低人一等，把自己的价值建立在获得他人认可的基础上，他们会习惯性地讨好他人，把他人的评价看得比自己的感受和利益还重要，甚至会活在他人的评价里。

因为自我价值感很低，害怕冲突的人往往会很自然地把自己归入弱者的行列，自认为"我不够优秀""我的力量太弱小""我没有

资格、没有能力维护自己的权益"……同样，他们也不敢表达自己的想法和诉求，因为他们觉得自己没有能力说服对方，反而会引发对方的不满，导致冲突的爆发。

4. 夸大冲突的后果，害怕被拒绝、被孤立

灾难化想象会使害怕冲突的人夸大冲突的后果，认为人际冲突一定会带来人际关系的破裂，继而导致自己被拒绝、被孤立。

这就使他们非常看重来自他人的友谊和认可。他们好不容易交到一个朋友时常常会患得患失，想紧紧抓住为数不多的朋友。所以，他们会对对方有求必应，当自己和对方在利益上、想法上产生分歧时，他们也会因为害怕关系破裂、失去朋友而总是压抑自己的情绪和想法，去迎合对方、逃避冲突，甚至遭到背叛时，他们也会苦苦挽留，结果往往使内心积郁了太多的委屈、无助和沮丧，导致严重的自我消耗，影响身心健康。

灾难化想象是一种歪曲事实、片面化的思维方式。心理学研究发现，人们在灾难化想象中担忧的那些事情，有92%是不会发生的，剩下的8%是人们能够轻松应对的。了解这样的数据后，大家就会对灾难化想象多一些免疫，对直面人际冲突多一些信心。

自我攻击比冲突本身更消耗心理能量

"我真是糊涂，居然推掉了领导指派的工作，他以后肯定会找我的碴的，我真笨！"

"哎呀，我怎么能一时头脑发热，反对同事的提案呢？我真是昏了头了！"

"我上午斥责了门口的保安，一会儿我的外卖肯定送不进来了。唉，我总是这么冲动，真是没用！"

…………

可能有不少人会对上述的这些自我对话有点熟悉，因为这些往往就是他们自己日常的内心戏。而这些人的一个共同特点就是：偶尔主张一下自己的权益、表达一下自身的诉求或是表达自己的不满后，就会认为自己和人发生了不应该有的冲突，从而感到非常焦虑、不安，在心里无数次地责备、惩罚自己。这种行为和心理活动有时会持续很长时间，造成很大的精神内耗，这在心理学上被称为"自我攻击"。

1. 自我攻击使冲突显得更可怕

自我攻击，通常是指一个人在面临困难、挑战或失误时，对自己进行负面评价和指责，认为一切糟糕的结果都是自己的罪过，是自己的无能造成的。自我攻击包括自我怀疑、自我否定、自我贬低、自责、自我惩罚等行为，过度的自我攻击会让一个人的内心充满负面情绪，如焦虑、恐惧、愤怒、沮丧、羞愧、悔恨、不安。当一个人被这些负面情绪淹没时，他往往无法看到现实，更无法进行觉察和反思。严重的自我攻击甚至会出现自虐、自残、自杀等行为。

自我攻击是一种很痛苦的体验。为了避免这种痛苦，人们常常会逃避冲突，选择隐忍。事实上，逃避冲突也并不能让冲突回避者感到岁月静好。因为逃避只是让冲突回避者当时压抑了自己，不敢和对方起冲突，但这只是表面上的风平浪静，冲突回避者内心的愤怒仍然如波涛般翻滚不息。当这种愤怒无法向外宣泄时，它们就会转而攻击自身，给冲突回避者造成很大的内心冲突。

2. 习惯自我攻击的人，对人际关系格外敏感

容易进行自我攻击的人往往也是极度压抑自我的人，他们对人际关系非常敏感，常常会曲解他人的意图。比如，他人只是和他们开个玩笑，而他们理解为对方在嘲笑自己，但又不敢当面和对方发作，于是只能生闷气。再如，人家只是无意中多看了他们几眼，他们就认定对方可能是在心里诽谤他们，却又不敢当面向对方求证，只会暗暗在心里担忧，时时提防对方。

容易进行自我攻击的人与他人相处时，总是用过度严格的标准来评价自己，难以接受自己的失误，导致他们经常对自己感到不满意和失望。比如，他们会不切实际地希望身边所有人都喜欢自己，对自己有较高的评价，一旦自己的希望落空，他们就会觉得是自己的错，是自己做得不够好。

因回避冲突而常常进行自我攻击的人在和他人相处时总是处于神经紧绷的状态，似乎时刻都在防范着他人，活得小心翼翼的。

3. 与人冲突，就是"没修养"

中国文化中有着浓厚的"与人为善""和为贵""和气生财"等传统观念，认为人与人之间应该和睦相处、友善融洽。但有的人会把这种信条偏执地理解为委曲求全，不能与人发生冲突，否则就是自身修养不够好的表现。这类人与他人有了分歧时，就会过度进行自我反省、自我检讨，压抑内心的真实想法，在人际交往中变得唯唯诺诺的，很多人就这样在混混沌沌、憋憋屈屈中浪费了自己的一生。

此外，习惯于自我攻击、逃避冲突的人在童年时可能常常受到父母这样的训诫：

"乖乖听话，不然你就不是好孩子。"
"照我说的做，再顶嘴，我就不要你了。"
…………

时日一久，孩子就会把"表达不同意见""表达分歧"与"是我不对""我会受惩罚"等信息进行关联。成年以后，如果这种内化的思维模式得不到纠正，他们就会沿袭之前的认知模式。每次和他人发生冲突、意见不一致时，他们的童年模式就会被激活，开始进行自我攻击、自我否定。

自我攻击有时会源自不成熟的心理机制，比如，自我攻击者往往都存在认知偏差，或者情绪调节能力比较弱。

认知偏差会导致一个人的自我评价缺乏公正性和客观性，他总是盯着自己的不足和缺点不放，却忽略了自身的长处和优点，导致这个人对自己的负面评价比正面评价更多，从而产生自我攻击的行为。

情绪调节能力比较弱的人往往缺乏灵活、有效的调节手段。他们面对挫折或负面情绪时，只会采取自我攻击的形式来缓解压力。比如，一个人被公司的主管冤枉之后又不敢为自己辩护，只好通过酗酒这种伤害自己身体的方式来缓解沮丧情绪。

4. 与其憋出内伤，不如直面冲突

冲突发生时，通过自我攻击来缓解压力是一种不健康的心理机制，严重的自我攻击者有时会进行自我惩罚，如酗酒、吸烟、熬夜。当这些自我惩罚手段都不奏效时，自我攻击者会陷入抑郁和焦虑之中，甚至产生躯体症状，如失眠、头疼、消化不良等。

我们与其为了逃避冲突而自我攻击，不如直面冲突，采取有效的方法化解冲突，告诉自己：冲突并不可怕，正如一位心理学家所说，"生活里时刻都有挑战，挑战本身不会带来痛苦，自我斗争引发的内耗，才是痛苦的根源"。

第四章
一味回避换不来和谐关系

一味忍耐，换来的是冲突债

关于"忍耐"，我们的老祖宗曾留下不少劝世名言："小不忍则乱大谋""和为贵，忍为高""有理让三分，冤家也成亲"……

忍耐，一直被很多人当作一种有智慧、有修养、有胸襟的美好品德，也是一个人心智成熟的标志之一。所以，在我们小的时候，大人往往会教育我们不要和他人起冲突、闹矛盾，那些调皮捣蛋、喜欢打架的孩子往往会被贴上"问题孩子"的标签；工作以后，社会环境又要求我们与人和谐相处，否则就被视为不合群、不好相处。

但是，当人们把忍耐理解为无立场、无原则地一味退让时，它就不再是一种高度成熟的表现，而变成了放弃自我的懦弱行径。

比如，有人在工作中受到了不公正的待遇后，不惜压制自己的情绪，选择"忍一时风平浪静"，以避免和人起冲突；有的人被信用很差的人借钱，明知钱借出去之后可能"肉包子打狗"，但因担心自己的拒绝而让对方没面子，日后大家见面尴尬，最终还是忍痛借钱给对方；还有的人当自己的权益受到侵害时，不敢站出来为自己争取，而选择忍气吞声、自吞苦果……在心理学上，一直选择忍气吞声者又被称作"冲突回避者"，还有人给冲突回避者画了一幅像。

（1）在需要表达意见和立场的时候，他们选择沉默。

（2）他们对他人有求必应，习惯性地讨好他人，把他人的需要和利益摆在首位。

（3）和他人发生分歧时，他们采取忍让、妥协的策略逃避冲突，宁愿委屈自己，也不敢和人争论。

心理学家认为，这些冲突回避者在冲突面前一味忍让、隐忍，意味着他们的内心会积郁很多负面情绪而无法缓解。这种消极的忍耐如果长期持续，会让冲突回避者遭遇以下结局：要么忍气吞声地自己难受，要么把负面情绪宣泄给身边亲近的人，其后果就是不但给自己的身心健康造成伤害，而且对人际关系造成更多、更大的破坏。有心理学家把这种情形称为"冲突债"。

1. 冲突债是一颗定时炸弹

冲突债，是人们消极面对冲突的负面后果。具体来说，就是当人们在冲突面前选择回避和忍耐时，就会使争议的话题被回避，反对的意见被无视，引发冲突的问题和隐患便被搁置起来，避而不谈，悬而不决。这些问题和隐患会随着时间的推移和形势的变化而变得越来越复杂、越来越难解，导致冲突堆积，这就形成了冲突债。

冲突债如同人际关系中的一颗定时炸弹，冲突双方的分歧一天得不到解决，矛盾一天得不到处理，冲突就会慢慢累积，累积到一定程度时会瞬间爆发。

冲突债还会在冲突回避者的内心世界里引发叠加反应，比如，使冲突回避者不再信任他人、情绪沮丧、消极怠工，影响他们的人际关系和个人发展，使冲突回避者为之付出沉重的代价。

2. 忍耐会让忍耐者成为透明人

冲突回避者的一贯忍让、忍耐、委曲求全，慢慢地会"惯坏"一些人。在冲突回避者看来，忍一次，退一步，就会平息冲突，换来和平；但是，在冲突的另一方看来，这其实就是示弱，是无能的表现。所以，有第一次，就会有第二次、第三次……这些人会把冲突回避者的忍让、忍耐视为理所当然，习惯性地无视、忽略冲突回避者，把他们当成透明人。甚至有一天，当冲突回避者被压榨得过分，想表达一下自己的意见或为自己争取一点权益时，都会遭到这些人的轻视和拒绝，或者受到他们的无情攻击。

最后，冲突回避者在群体中会渐渐被边缘化、透明化，在众人眼中成了可有可无的角色，遭受更多的忽视和欺压，丧失了表达意见、争取利益的资格，他们会变得更加迎合、讨好他人，更加害怕冲突、回避冲突，甚至无法融入人群，在群体中显得卑微又格格不入。

当冲突回避者的忍让和自我压抑在他们的内心积累得太多，达到一定程度时，他们就会通过冷战、拖延等被动攻击的方式来表达情绪。虽然这种攻击方式很隐蔽，甚至冲突回避者本人都无法觉察，但它会让互动的双方感到莫名其妙的不舒服，这会进一步增加人际冲突的概率，反而让冲突回避者莫名地处于紧张、无助的状态，从而使他们精力和心理资源被持续消耗，产生心理问题。

3. 别主动"培养"占便宜的人

过度忍耐不是美德，它只是冲突回避者因为害怕关系破裂而一再突破自己的底线、不断退让的懦弱表现。有的冲突回避者以为只要自己顺从、听话，他人就会喜欢自己，就能和自己保持和谐的关系。这其实是一个认知误区，人们不会尊重一个毫无主见、胆小懦弱的人。

习惯于在冲突面前不断退让的人会发现，他们通过忍气吞声、委曲求全换来的关系，反而都是让自己受伤的关系，筛选出来的人反而都是想要占自己便宜的人。因为退让和妥协换不来尊重和友善，这是人性使然。

冲突回避者在分歧和冲突面前一次次无原则地忍让，实际上就是在向对方出让自己的边界和利益，相当于在告诉对方："来呀，我很好欺负的，占我的便宜是没有成本的。"这样做会亲手"培养"一些得寸进尺的人毫无顾忌地来占自己的便宜，一而再，再而三地侵害自己的利益。

真正包含智慧的忍耐绝不是无原则地委屈自己、纵容他人，而是一种坚定而积极的态度。它会让我们在冲突和分歧面前更加理性和冷静，更好地理解他人和自己，更积极地面对问题，勇敢地化解冲突。

不迎合、不顺从 ≠ 攻击

在一段健康的人际关系里，关系各方不是没有冲突，而是每个人都把冲突看成一种很正常的存在，他们不害怕冲突，能够为了维护自身的正当利益而直面冲突。即理性、勇敢地亮出自己的底线和原则，大胆地表达自己的诉求和感受。这不仅不会引发冲突、得罪人，反而能更好地消除误解、化解冲突。

1. 表达不同意见不代表心存敌意

面对冲突，我们一味地迎合、讨好、顺从绝非良策，有可能还会累积更多悬而不决的冲突；正确的做法是提升自己直面冲突的勇气，以及管理冲突、化解冲突的能力。这首先需要我们学会正确地表达不同意见的能力。合理表达不同意见和看法是每个人都拥有的权利，这不代表我们对另一方心存敌意。一个人之所以把表达分歧和不同意见与敌意联系起来，往往是因为这个人对人际冲突缺乏合理的认知。

勇敢地表达不同意见，可以帮我们重新找到人际关系中的平衡。只有那些情商很低的人才会在产生分歧时发脾气、吵架，最终造成不可挽回的后果，而情商高的人恰恰相反。他们时刻明确自己的目的——表达不满是为了重新找到关系中的平衡。

在高情商人士的认知中，准确地表达自己的观点可以把冲突解决在萌芽状态，防止其恶化。比如，我们在沟通中明确提出自身的需求，提出自己希望对方怎么做才不会引发矛盾时，我们就使双方的关系获得了磨合、修整的机会，为化解冲突提供了可能。

所以，恰当地表达不满不但有利于身心健康，而且能有效地提高工作效率、改善人际关系。一旦能够坚定地树立这样的认知，我们就不会再害怕在冲突中表达自己了。

2. 正确表达的三个重要提示

首先，要想正确地把自己的想法传递给对方，我们最先要做的就是将表达不同意见和由此带来的情绪剥离开，不要带着负面情绪和对方沟通。心理学家艾伯特·麦拉宾提出"麦拉宾法则"，又称"73855定律"，指的是在与人沟通时，我们带给他人的印象有7%来自"你说了什么"，有38%来自你的"语音、语调"，有55%来自"肢体语言、微表情"。而占比38%的"语音、语调"和占比55%的"肢体语言、微表情"是我们很难用意识控制的，它往往来自无意识，很难被我们觉察。所以，如果我们带着对抗情绪和对方沟通，即便我们能够控制我们说的内容，但我们无意识中流露出的语音、语调、肢体语言、微表情还是会出卖我们，让对方察觉到你的敌意。所以，我们要"先解决情绪，再解决问题"。

其次，清晰地表达自己的诉求。在沟通之前，我们最好把自己想说的问题捋一下，对自己的感受、期待、最真实的观点和立场，最好都了如指掌，这样才能和对方进行有效的沟通。我们如果自身对想要表达的内容都不是很清楚，那么传递到对方那里，就会更加混乱，这样的无效沟通不但不利于化解冲突，而且有可能造成更多的误会并激化矛盾。

最后，要根据不同对象采取不同的表达方式。要想恰当地表达分歧和不满，我们还要搞清楚沟通的对象是谁。不同的人有不同的个性，以及看待问题的视角也不同。要想化解冲突、争取对方的合作，我们需要站在对方的立场，选择最能被对方理解和接受的表达方式来沟通。比如，当沟通的对象是我们的上级主管时，我们选择郑重地和对方一对一、面对面地展开谈话，就是比较明智的做法；而沟通的对象是关系比较亲近的同事时，选择在轻松的下午茶时间或是工休散步时表达自己的想法，效果会更好。再如，如果沟通双方都是急脾气，一言不合就容易吵起来，那就不宜面对面地直接沟通，不妨通过电子邮件或是聊天软件来间接沟通，以避开可能的正面冲突。

3. 非暴力沟通

在表达分歧和不满的过程中，非暴力沟通很重要。我们可以参考以下案例，了解非暴力沟通的四个重要原则，学会理性、友好地表达自己。

王一耗时两个月和同事李明共同完成了一个项目。工作汇报的第一天，李明作为主讲人，在汇报时全程不提王一的付出。王一觉得有必要和李明谈一谈。

对此,王一有两种方式和李明沟通。第一种沟通方式是向李明表达自己的情绪和对他的评价。比如:

"你今天在会上发表的工作报告,没有提到我的任何付出(陈述事实),这让我很失望,也非常生气(表达情绪),你也太不地道了吧?抢他人的功劳不脸红吗(对对方进行评价和攻击)?"

第二种沟通方式是向李明表达自己的情绪,并让李明知道自己对他的期望。比如:

"你今天在会上发表的工作报告,没有提到我的任何付出(陈述事实),这让我很失望,也非常生气(表达情绪)。我希望在明天的汇报会上,我和你一起做这个工作报告,你陈述你的部分,我展示我的部分,这样既能增加我们两个人的参与感,也能丰富现场的互动(提出期望)。"

对比上述两种沟通方式,我们不难看出,第二种沟通方式显然更能带来积极的效果。在第一种沟通方式中,王一把关注点放到了李明这个人的身上,攻击了李明。在正常情况下,李明肯定会反击,这样会导致双方关系破裂,他们第二天的合作就很难达成,王一很有可能因此而失去自我展示的机会。

在第二种沟通方式中，王一冷静地陈述客观事实、表达感受，并在最后提出了具体且有建设性的建议。整个过程没有人身攻击，只有客观的陈述和中肯的建议。如果不出意外，李明应该会采纳王一的建议，两个人共同参与第二天的工作汇报。这样一来，王一便可以争取到展示自身工作成绩的机会。

从上述的案例中，我们可以归纳出四个关于非暴力沟通的原则：

（1）遇到分歧或冲突时，就事论事，不做任何评判，不评价事件中的他人，也不评价事件本身，只用客观事实说话。

（2）理性地表达自己的真实感受，如愤怒、失望、担心、焦虑等，不去臆测对方的想法。

（3）真实地表达自己的需要或期待，比如，"我希望……""我认为……"等。

（4）提出具有可操作性的建议，让对方明确我们希望他做什么、应该怎么做。

面对任何冲突和分歧，我们只要足够真诚、足够理性，能够恰当地表达自己的感受和诉求，积极地寻求有效的解决方案，就一定能化解冲突，拥有更和谐的人际关系。而为了避免冲突选择迎合、顺从对方，我们只能获得一时的宁静，却可能为之后的人际关系埋下隐患。

讨好，并不会让冲突消失

晓语很胆小，她和人相处时，特别怕惹他人不高兴，总是讨好他人、哄他人开心，所以，她的朋友无论什么时候找她帮忙，无论让她帮什么忙，她几乎有求必应。

在工作中，同事都愿意和她搭档，因为她不但抢着干活，而且会提供情绪价值，冲她发脾气也不用担心被她报复。

晓语以为，自己这样对待同事，同事就不会轻易指责她、批评她、欺负她。

直到有一天，两个同事竟然当着她的面向领导告状说，最近的一个报表错误是晓语造成的，和他们没关系。事实上，晓语并没有经手那个报表。两个同事只是觉得晓语好欺负，不会当面揭穿他们，才这样栽赃。结果，晓语被罚了一个月的奖金。

晓语的这种行为是讨好型人格的表现，这样的人格特质在人际相处中不但"讨"不来"好"，而且会纵容一些人得寸进尺地欺负和压榨她,从而导致更多冲突的产生。

1. 讨好型人格

美国著名心理治疗师和家庭治疗师维吉尼亚·萨提亚认为,讨好型人格的突出特点是非常害怕冲突,会习惯性地压抑自身的情绪和需求,害怕拒绝和失败。讨好者在人际交往中经常透露出"都是我不好""只要你开心,我怎么都无所谓"等信息。

在言行上,讨好者往往表现得过于友善,习惯于通过主动承担过错、道歉、乞求同情来博取他人的好感。在他们的认知中,只有讨好他人,把他人哄开心了,他们自己就不会被指责、被惩罚、被抱怨,就可以避免人际冲突。甚至在讨好者看来,他人受了委屈都是自己的错。

可悲的是,讨好者的讨好换来的非但不是认同、不是好感,反而是更多的剥削和利用。心理专家把这种讨好行为定义为"人际依赖行为"或"过度适应行为",是一种非适应性的行为模式,它会导致讨好者情感压抑、自我牺牲和长期积郁负面情绪。

2. 讨好者画像

判断一个人是否属于讨好型人格,可以根据以下特点来判断。

(1)很难拒绝他人。就如上述案例中的晓语,讨好者倾向于过度关注他人的需求和期望,而压抑自己的需求和感受。为了取悦他人、与他人保持和谐的关系,讨好者通常对他人有求必应,即便有些要求或请求会给他们造成很大的困扰,他们也会咬牙答应下来。因为他们很担心自己的拒绝会惹他人不高兴,导致人际关系破裂。

这种担心带来的恐惧远远超过了满足他人要求带来的困扰，所以讨好者很难拒绝他人。

（2）过于在意外界的评价。讨好者往往缺乏自我接纳、自我认同，他们的自我价值感也非常低，倾向于把自己的价值建立在他人认可的基础上，过于看重他人的评价。在他们的内心中，如果自己让他人不开心，或让他人对自己产生敌意，那一定是自己的错，自己一定要为此道歉，直到哄得对方开心为止。外界的负面评价、与人发生冲突，是会让他们极度不安、非常焦虑、根本无法应对的事情。

（3）缺乏自我主张。讨好者因为缺乏安全感，很自卑，所以他们很难表达自己的意见和诉求，生怕自己的想法会引发他人不快，引起冲突。他们认为，人际关系中最重要的是维持和谐，而不是正确地表达自己的意见，合理维护自己的权益。所以，他们倾向于在人群中隐藏，压抑自己的真实想法和感受，表现得非常顺从、合作。

3. 讨好，只会越来越害怕冲突

在萨提亚看来，讨好型人格的形成，可能源自讨好者从小到大被迫经历过很多人际冲突，并在这个过程中体会过很多挫败和无助，比如，被同学欺负、被邻居欺负，甚至被父母欺负……他们被人际霸凌之后，却没有人给他们撑腰，也没有人给他们支持和保护，这些屈辱而可怕的经历会在讨好者的内心留下深深的恐惧，形成心理创伤。

当他们成年以后，再次面对人际冲突时，这些恐惧就会被激活，为了避免自己再次堕入那可怕的噩梦中，他们会尽可能地避免人际冲突，把自己的姿态放得很低，希望通过讨好他人来免于被对方攻击。

但是，一味地讨好他人，一再地回避冲突，并不会让冲突真的消失，也不会使自己增强对冲突的耐受力，相反，它只会让我们的生命力越来越萎缩，越来越害怕冲突。

4. 跳出讨好他人的怪圈

要想摆脱讨好型人格，不再讨好他人，不再卑微地看他人脸色行事，我们就要做到以下三点。

（1）提升自我价值。多发掘自身的优点、长处，学着接纳、认可自我。试着发展健康的兴趣和特长，拓展人际交往的渠道，不断增强自我价值感，而非依赖他人的评价。

同时，多多探索自己的内在世界，了解、尊重自己的真实感受和需求，逐渐建立健康、向上的自我形象，远离那些让你感到委屈的人际关系，多靠近能滋养你、尊重你、支持你的人。

（2）多进行自我觉察。在即将做出讨好他人的行为时，试着觉察一下自己的行为动机是什么，问问自己："我为什么要讨好这个人？""我讨好他人，是想满足什么需要呢？"当讨好者能够直面自己的言行，自我觉察多起来的时候，他们就不会再被过去的习惯牵着鼻子走，从而不再盲目行事。这是做出改变的第一步。

（3）学会拒绝。试着对他人的不合理要求或过分请求说"不"，拒绝他人并不意味着攻击他人，而是在拒绝被剥削、被利用，是在尊重自己，也是在赢取他人的尊重。一旦我们能够建立健康的自我界限，就能更好地维护我们的权利和需要。

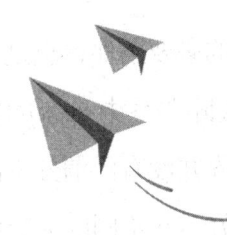

捍卫自我边界，
不做任人拿捏的"软柿子"

一个新婚不久的女士向心理咨询师哭诉，婆婆来她家时从不打招呼就登门。有好几次，她下班后回到家时都被不请自到、在她家里乱翻、乱弄的婆婆吓个半死，她还以为家里进贼了。而且，婆婆还要求他们小夫妻的工资由她来管，他们的生活费也要由她来发放……

案例中的这位婆婆是一个典型的人际关系边界混乱者——不经允许就擅自闯入他人的私人空间，侵犯他人的边界。面对这类人，我们如果不能保护好自己的自我边界，不敢坚决地对他们说"不"，那么他们就会肆无忌惮地命令、要求我们，随意指责、批评我们，还会把他们自身的各种问题转嫁给我们，让我们活得身心俱疲。

1. 把握自我边界

我们每个人都有一个属于自己的私密领域，在那个领域，我们会感到无比放心、自由，任何人不能干涉或侵犯，这就是一个人的自我边界。和他人交往时，我们要保护好自己的自我边界，同时也要尊重对方的自我边界。

清晰的自我边界是建立健康的人际关系的必要条件，也是一个人心智成熟的标志。人类关系学家发现，人际关系中 80% 的冲突都是由自我边界不清引发的。但是，自我边界并没有泾渭分明的明显界线，只要互动中的双方自身觉得舒服就好。在不同的人际关系中，同一个人会有不同的自我边界。

2. 缺乏自我边界，任人拿捏

一个人如果没有自我边界意识，就意味着他不知道怎样保护自己的领地，任由他人随意入侵他的自我空间，干扰或控制他的生活，并且入侵者会把原本属于他们的责任转移给他。这个人的自我空间就会被入侵者严重挤压，时日一久，他就会心力交瘁，逐渐迷失自我。

缺乏自我边界的人可能在成长过程中有过被他人随意侵犯边界的经历。比如，被父母当成附属品，随意支配。他们很容易把他人的标准和期待内化为自己的，在人际交往中失去独立和自主，认为自己需要为他人的过错、情绪、困难负责。

3. 建立良好的自我边界

只有建立良好的自我边界，我们才能和他人建立轻松、舒适、自在的人际关系。

（1）课题分离。我们每个人都有必须面对的人生问题，大到职业选择、人际关系、婚姻等，小到明天要不要加班、后天请谁吃饭等，这些都是我们自己需要负责的课题。

所谓课题分离，是指我们要为自己的课题负起应有的责任，不能转嫁给他人，也不能把他人的课题揽到自己肩上。

曾有人戏称人生只有三件事——自己的事、他人的事和上天的事。人的烦恼就来自：忘了自己的事，爱管他人的事，担心上天的事。而我们要想轻松自在地活着，就应该打理好自己的事，不去管他人的事，别操心上天的事。

我们每个人如果都能有清晰的自我界限，做好课题分离，处理好人生三件事，那么人与人之间的冲突就会少很多。所以，我们应该学习"你的归你，我的归我"。就像鸡蛋，只有保护好自己的蛋壳，它才是完整的鸡蛋，而两个鸡蛋不论它们挨得多近，只要有蛋壳在，它们就还是两个完整、独立的鸡蛋。

（2）守好自我边界。建立清晰的自我边界，我们需要在人际关系中清楚地知道自己想要什么、不想要什么，能接受什么、不能接受什么，把握好自己的需求和利益，与他人交往时保持独立和自主。

当然，好的自我边界不是坚如铜墙，隔绝所有人，而是柔软的、有弹性的，可以把对的人纳入我们的自我边界内。比如，当我们和朋友在一起时，为了相处得更愉快，我们可以在一些小事上，如时间安排、饮食习惯等方面，为朋友做一些妥协和让步。这样的妥协是我们和朋友发展深度关系的润滑剂。

真正健康的边界不是越坚固越好，而是我们可以自由地邀请他人进入和离开我们的私密领地，而不是任由他人不打招呼地随便入侵，也不是从不让他人进入我们的领地，否则我们就会感到孤独。

（3）学会表达、倾听彼此的想法和感受。建立清晰的自我边界，需要我们在人际交往中真实地表达自己的想法和感受，以便让对方了解我们的边界，同时也要耐心地倾听他人的想法和感受，促进彼此的了解和理解。通过相互的沟通与理解，我们就可以和对方进行换位思考，更好地建立优质的人际关系。

（4）"Yes and"邀请法。对于那些不请自来、故意侵犯我们边界的人，我们可以直截了当地说"不"。而对某些人，我们则不妨给对方传递一种信号："我允许你进入我的边界，但你要尊重我边界内的规则。"这一方式比起简单、粗暴地拒绝对方显得更加灵活、有效，被人类关系学家称为"Yes and"法。

比如，有普通朋友向你提出"想到你家里做客"的想法。如果你不是那么抵触，愿意让他们到你家，你就可以使用"Yes and"法，这样说："可以呀（Yes 部分），但是我有个条件，就是你们离开之前要帮我一起收拾干净房间（and 部分）。"

"Yes and"法展示的是一种有弹性的自我边界：通过"Yes 部分"把一部分人纳入我们的自我边界内，让我们可以持续地和他人产生联结；而通过"and 部分"所展示的额外条件，我们又让对方明确我们的底线，从而把错的人筛选出去，这样，我们就可以和更适合我们的人建立深度关系。

自我边界，是我们完全发挥自由意志的领地，他人无权干涉，我们也决不允许他人入侵，决不允许有人闯入我们的领地，对我们指手画脚。

第五章
从冲突中提升心智，改变观念

健康的人际关系也经历过冲突

既然人际冲突会引发各种困扰、导致人们产生巨大的精神内耗，那么，我们是不是应该极力避免人际冲突呢？

实际上，人际冲突不但不应该被看成一种威胁，反而应该被看作我们发展深度人际关系的一个契机。事实证明，美好且持久的人际关系并不都是一帆风顺的，都是双方不断在冲突中反复磨合、努力经营的结果。人际冲突的积极一面在于，它能够帮助我们更好地了解彼此，并在这个过程中更深入地认识自己，从而更好地发展彼此的关系，实现自我成长。

要想拥有令人满意的关系，其诀窍在于，我们首先要转变对冲突的看法，学会拥抱冲突、应对冲突；其次要很好地管理冲突，减少破坏性冲突，增加建设性冲突。

1. 冲突有利于建立健康边界

在面对冲突的过程中，冲突双方通过异于平常的、相对激烈的对话和沟通，可以进一步明确彼此的底线和原则，互相了解各自的期望、需求、责任、义务，从而建立更加明晰、健康的人际关系边界。

事实证明，人们往往只有在冲突状态下才会被迫暴露一些深藏已久的问题，这些问题可能恰恰是在过往的人际互动中，彼此的边界不断被对方侵入而引发的，双方或一方对此忍耐已久，终于在冲突中得以显露，这个暴露的过程也让双方进一步明确了彼此的边界。

另外，借由冲突，人们可以让平时没有机会表达的情绪真实地表达出来，而这也是向对方亮明底线、宣示边界的表现。

无论是在冲突中暴露问题还是表达真实情绪，它们都有一个积极的作用：可以借机促使冲突双方更加深入地了解彼此的边界，寻找更恰当的相处模式，并推动双方的关系朝着更好的方向发展。

从这个角度来说，有效冲突既可以明确冲突双方的健康边界，也可以拉近双方的关系。

2. 促进关系深化

我们和他人发生冲突的过程，可能也是我们与他人发现彼此的差异与分歧的过程。面对分歧，如果冲突双方都能够坦诚地表达各自的不同意见和诉求，就能够有效地促进相互间的进一步了解和理解，进而解决分歧、化解冲突，避免分歧恶化成无可挽回的问题。一旦双方能够经受住这一过程的考验，彼此都会更加信任对方，关系就会更加稳固。

而那些在冲突中无法与我们坦诚相见、真诚沟通，反而恶语相向的人，在冲突过后往往会被我们从人脉关系网中删除，这样一来，在冲突过后还能留下来的人往往是和我们有着更亲密关系的人，最终我们的人脉网也会更加健康。

另外，在人际冲突中，双方往往会在激烈情绪的驱使下深度地暴露自我，这就给了双方集中而深层地考察对方品行、能力的机会，考察过后如果感觉对方品行还不错，那么双方的关系往往就会更加紧密，这就是所谓"不打不相识"。

3. 提高人际交往能力

人际冲突不可避免，也让许多人恐惧不安。因为在多数人的眼中，冲突就意味着要面对激动的情绪以及极具攻击性的争论、指责、成见。毫无疑问，这样处理冲突的方式带来的往往是不可修复的伤害、关系的破裂，进而影响彼此的关系和生活质量。

然而，冲突也会激发人们学会有效地沟通、协商和解决问题，这有助于提升人们的人际交往能力和应对挑战的能力。

比如，当人们在处理重要关系中的人际冲突时，往往会极大地激发各项能力。因为既然是重要关系，就意味着它的存在对关系中的双方或一方来说意义重大，其维护成本也会很高，所以人们不愿意使这类关系轻易破裂，因此会在这类关系的冲突中尽力克制自己，认真倾听对方的观点，尊重对方的意见和需求，以便于尽快找到化解冲突的有效方法。

同时，人们也会尝试和对方友好协商，主动寻求双方都能接受的方案，或者尝试在一些非原则性的问题上做出适当的妥协和退让。这些能力，可能都是平常的交往中没有机会锻炼和提高的。必要的人际冲突处理能力，能够帮助我们更游刃有余地经营健康的人际关系。

4. 自我表达的需求

我们可能听说过"闷人出豹子"这样一种说法，它用来形容那些不善于表达情绪或感受的人，内心可能积蓄了强烈的能量，虽然表面看上去很沉默、很平静，但是一旦爆发，就表现出惊人的破坏力，像豹子一样，越是平静越是在积蓄力量，一旦爆发就极具杀伤力。

同样，良好的人际关系也是在双方的自我表达中逐渐发展起来的。而冲突恰恰提供了一种很有效的表达自我的渠道。

在一般的人际交往中，很多人往往都戴着一副面具，把真实想法和诉求藏得很深，这就很容易造成人际交往中的隔阂与误解。而冲突给了人们一个消除隔阂与误会的机会。冲突发生时，人们往往会借着激烈的情绪，把平时积郁的所有想法和不满一股脑儿地全部表达出去，而这个过程恰恰是真情流露的时刻。冲突提供了让双方自我表达、自我暴露的机会，让彼此通过冲突可以了解更加真实的对方，迅速缩小双方的心理距离，增加彼此的踏实感。

并非所有的冲突都会对双方的关系造成破坏性的影响，如果我们能够积极地管理冲突、转化冲突，那么冲突就会促进我们人际关系的稳固，健康的人际关系也是冲突淬炼过的。建设性地处理冲突，能够使双方的心理联结更紧密，经过冲突达成的共识更能经受考验，共同经历过冲突的人交情反而会更深。

应对冲突的五种方式

冲突发生时,能够灵活而建设性地化解冲突、维系相对和谐的人际关系非常重要。当然,要做到这一点,是一项艰巨的挑战。著名冲突管理专家托马斯·基尔曼在多年的研究中发现:面临冲突时,人们应对冲突的方式一般为以下五种模式。

1. 竞争型应对模式

所谓竞争型应对模式,是指在处理冲突时,冲突的一方或双方不考虑对方的感受和利益,甚至以牺牲对方的利益为代价来维护自身的想法和利益。简单来说,这种应对模式就是"我赢你输"。

采取这种模式的个体会把冲突的对方看成对手,其解决冲突的目标就是战胜对方,达成自己的目的。他们往往有着鲜明的立场和利益诉求,并有着强大的执行能力,可以雷厉风行地采取有效行动战胜对方,从而达成目标。也因为这个特点,采用竞争型应对模式的人常常表现得咄咄逼人、十分专制,给冲突的另一方带来非常不好的感受,伤害双方关系,甚至造成无法修复的后果。

2. 顺应（或迁就）型应对模式

所谓顺应（或迁就）型应对模式，是指在处理冲突时，冲突中的一方或双方很能理解对方的诉求和利益，但不敢表达自己的想法，也不敢主张自己的利益。

采取顺应（或迁就）型应对模式的人倾向于服从对方的要求和指令，放弃自己的观点，甚至牺牲自身的利益来满足对方。即便对方的要求和指令会损害自己的利益，他们也会为了取悦对方、维持所谓和谐的人际关系而迁就对方。

采取顺应（或迁就）型应对模式的人更看重冲突双方的关系和情感，有的还会把对方看作朋友。在他们眼中，个人的目标或利益不如双方的关系重要。因此，顺应（或迁就）型应对模式虽然可以暂时地维持良好的人际关系，但它无法从根本上化解冲突，反而会诱发对方进一步控制局面。长期采取顺应（或迁就）型应对模式的一方，会降低自身的创造力，并加重冲突双方权力的失衡。

3. 回避型应对模式

所谓回避型应对模式，是指在处理冲突的过程中，冲突双方或一方意识到冲突的存在，但却采取"无所谓""以后再说"的放任态度，对自己和对方都没有任何要求，期望冲突会随着时间的推移自行消失，或期待他人来处理。

采取回避型应对模式的人秉承"不坚持，不合作"的原则，认为处理冲突会带来无法承受的压力，不愿意花费时间和精力处理冲突。

回避型应对冲突存在一定的优点。当冲突不是很重要，也不需要急迫地解决，或是解决冲突的潜在成本大于实际收益时，暂时搁置冲突是比较明智的选择，它有助于冲突双方求同存异，同时也可以等待更好的时机更高效地解决问题，能够节省双方的时间和精力，维系相对和谐的人际关系。

比如，大学宿舍里，室友在打游戏，声音比较大，你觉得很吵。如果采取回避型应对模式，你会想："如果我让他保持安静，他就会对我很反感，影响我们的关系。算了，多一事不如少一事，反正现在也不是就寝时间，我戴上耳机的话就不会觉得太吵了。"

这样一来，你虽然放弃了维护自己的利益，但维系了和室友的关系，暂时获得了双赢。

但是，如果类似的事情一再发生，那么你对这件事、这个人的隐忍和不满就会堆积起来，日积月累，这种不满极有可能爆发出来，产生更大的破坏力。

一些致力于研究人际关系的学者发现，以回避方式应对冲突会使一个人更倾向于消极地看待人与人之间的关系，对人际关系更容易产生负面的看法和态度，从而体验到更多的拒绝和不自在，或是更多地拒绝、排斥他人。

所以，从这个意义上来说，采取回避型应对模式不但无法让冲突自动消失，反而会累积更大的冲突，引发更大的负面情绪和敌意。

4. 合作型应对模式

所谓合作型应对模式，是指冲突双方或一方主动跟对方坦诚地讨论问题，寻找对双方都有利的解决方案，尽可能地使彼此的利益都不受损，简单来说就是实现双赢。

合作型应对模式最具有建设性，冲突双方或一方愿意以双赢甚至多赢为原则，以开放、客观、公正的态度对待对方，积极化解冲突，努力维系双方的关系。

合作型应对模式是一种协作式的解决策略，是一种十分理想的解决方式。这要求冲突双方权力比较对等，有一方或双方都很理智，视对方为盟友，想与对方建立长期、友好的合作关系。

采取合作型应对模式的一方或双方会认真、深入地了解对方的想法和需求，并充分表达己方的愿望和诉求，双方通过相互理解和开放性的信息交换，寻求双方都受益的高质量解决方案。

5. 妥协型应对模式

所谓妥协型应对模式，是指冲突一方或双方愿意放弃部分观点和利益，部分地解决冲突，共同分享解决冲突带来的收益或成果。简单来说就是各退一步，公平至上。

妥协型应对模式也属于一种较有建设性的策略——双方都有退让，同时也都有收获，最终方案令双方都部分地满意。

妥协型应对模式是一种权宜之计，冲突一方或双方把冲突看成一次交易，把对方视为谈判伙伴，通过温和的方式与对方共同寻找折中的方案，以实现一定程度上的公平。

在现实中，妥协型应对模式是在无法实现双赢的情况下使用的一种更为实际的解决方案。和竞争型应对模式相比，妥协型应对模式对冲突双方造成的压力更小。与合作型应对模式相比，妥协型应对模式更加节省精力和时间。

上述五种应对模式各有利弊。当我们在现实中面临冲突时，究竟该采取哪种应对模式，取决于以下三个问题。

（1）自身的利益和目标有多重要？

（2）和对方保持良好的关系有多重要？

（3）解决冲突的时间紧迫吗？

如果自身利益或目标并不十分重要，或是解决冲突的时间并不紧迫，可以考虑选择回避型应对模式。如果自身利益或目标比维持双方关系重要，可以考虑竞争型应对模式。如果维系关系比自身利益和目标更重要，可以考虑采取顺应（或迁就）型应对模式，以最大限度地维系关系。当自身利益和目标与关系都十分重要时，要以解决冲突的时间紧迫与否来确定采取哪种应对模式，比如：时间充裕时，可考虑合作型应对模式；若时间紧迫，则重点考虑妥协型应对模式。

总之，面对冲突时，我们可以有多种应对策略，也可以多次尝试沟通协商，寻求更能让双方都接受的解决方案。

化解冲突要避开的三个雷区

要想有效地解决冲突,我们必须避开那些会激化矛盾,使冲突升级的雷区,其中有三个雷区是我们尤其要注意的。

1. 摆脱受害者心态

互动双方发生冲突的过程中,彼此之间常常会互相驳斥对方的想法或观点。这个时候,有些人的第一反应是对方不是在驳斥自己的想法,而是在心怀恶意地攻击自己这个人。心理学家把这种心理现象称为"受害者情结"。

具体来说,受害者情结是指在人际互动中,一方倾向于把另一方的言行解读为对自己的人身攻击和压迫,即感觉自己是无辜的受害者,对方是强势的加害者。

受害者情结是人际冲突中十分常见的一种心态。它不但无法有效地化解冲突,而且会增加冲突双方的矛盾和挑战,使彼此的互动陷入恶性循环,使冲突进一步升级。

之所以这样说,是因为有着受害者情结的个体往往有以下三种表现。

（1）有很强的道德优越感，倾向于用情感操控他人。有受害者情结的个体往往认为自己很单纯、很软弱，在人际冲突中常常处于被迫害的一方，希望"加害"自己的人向自己道歉，并以此为借口道德绑架他人。

他们不认为自己对冲突负有责任，倾向于把责任推卸给"加害者"，认为自己的言行都是合乎情理、没有过错的。他们会以自己受到伤害为借口向他人施虐、对他人进行情感操控。

（2）拒绝共情他人。有受害者情结的个体倾向于过度专注于自身的痛苦，会夸大不幸经历对自己的影响，这使得他们拒绝关注他人的不幸，对倾听和理解他人的痛苦经历抱有很大的抵触情绪，从而阻碍了双方的沟通和了解。

（3）缺乏反思和解决问题的能力。有受害者情结的个体会反复回忆冲突过程中自己遭遇的冲击和痛苦，纠结于谁对谁错，而且往往认为对方是过错方。他们对怎样化解冲突、更好地处理矛盾缺乏基本的思考，这样的思维模式很容易引发他们想报复"加害者"的冲动与想法。

我们要想建设性地处理冲突，就要克服受害者情结，勇于让自己从受害者转变为责任者、创造者、行动者——从观念和行动上更多地承担责任，为自己在冲突中的问题负责，创造性地寻求化解冲突的办法，并努力付诸实践，积极行动起来。

2. 避免对抗性辩解

当我们在冲突中被对方质疑时，我们往往都会进行辩解，努力证明我们是对的。这样做的结果非但不能化解冲突，反而会引发更多的对抗。

比如，你是一个销售人员，有客户对你说："你们家的这款产品价格有点高。"听到这句话的你如果直接和对方争辩，说："你不能只考虑价格，也要看性价比。"你这样说的时候，往往会给客户一种不好的观感，他们会觉得你在"教他们做事"，心里会有点儿不舒服。他们为了证明你是错的，他们是对的，就会举很多例子来反驳你。最终，你们双方很有可能陷入关于价格的争辩之中，偏离了主题。

相反，如果你不直接争辩，而是回应客户，说："你说的这一点我完全认同，我的其他客户也说过同样的话。但是，说这话的客户试用了我们的产品之后，他们发现我们的产品虽然贵，但和市场上其他同类产品相比，性价比是最高的。"这种回应的巧妙之处在于，先认可对方的说法，这样可以维护对方的自尊心，降低对方的抵触和阻抗情绪，然后再借用第三方的良好反馈来间接证明自己，这往往比正面辩解更容易达成沟通的目标。

习惯性辩解的人往往有一种倾向——纠结谁对谁错，而最后的落脚点往往是"我没有错"，错的是对方，这样自然就会激化双方的矛盾，把小事变成大事，把大事变成坏事。

特别是那些有着极端对抗思维的人，他们甚至会把他人的好心和善意也解读成一种攻击。这类人被困在了对抗思维中，想象力受到了极大的限制。在处理冲突时，他们除了对抗之外，想不出其他的应对办法。有时，这种对抗思维甚至会带给他们可怕的灾难。

一位老师注意到，他的一名学生近来总是在课堂上发呆，眼神空洞地望着窗外。一天的自习课上，老师出于善意，轻轻走到该学生旁边，提醒他抓紧时间完成作业。然而，该学生却将老师的提醒视为一种指责和批评，他立即反驳老师："老师，我没有做错任何事，您不应该打扰我，这会打断我的思路。"

　　老师被学生的反应惊到，不免有些尴尬，但他很快调整情绪，试图用更温和的语气继续沟通："老师只是关心你，如果你有需要我做的，那就来找我。"

　　后来，老师通过与这名学生的好友交流，得知该学生因家庭原因正承受着巨大的压力，所以才变得异常敏感和焦虑。老师便邀请这名学生进行了一次深入的谈心，耐心倾听了他的烦恼，并给予他鼓励和支持，告诉他每个人都有自己的节奏和方式去处理问题，老师会全力支持他。

　　这次沟通后，这名学生的情绪逐渐平复，也变得更加开朗和自信起来，甚至有时候下课后，还会专门去请教老师问题。

3. 避免追究责任、判断对错

　　不论我们面对的冲突是什么，解决它的第一步都是找到引发冲突的原因。但有的人则不然，他们更倾向于追究引发冲突的责任，把冲突过度简化为谁对谁错，而且往往认为错在对方，自己没有任何责任。"我对你错"其实是一种单边控制思维模式。这种思维模式往往会引发冲突双方强烈地互相指责，或强制对方按照自己的想法行事。单边控制思维模式背后往往有这样几个心理假设：

一是，自己掌控了整个事情的全貌，而对方没有。

二是，错的是对方而非自己；自己是善良的，对方善良不善良就不好说了。

三是，冲突不是自己引起的，自己不必对此负责。

这样的思维模式和心理假设常常会让冲突双方陷入互相指责、推诿的恶性循环，不愿采取行动建设性地化解冲突。

凡事都讲是非对错的人往往会从自我出发，以自己的判断标准来评定对错，在表达方式上偏重于说理，而忽略了双方的感受和情绪，很容易伤害他人。

而且，追究责任、判断对错，更深层的本质是对立思维。冲突中的一方或双方会有"你如果赢，我就会输"的思维模式，这自然会激起双方的对抗和争夺情绪。

要想真正解决冲突的话，我们除了要关注双方的利益和诉求之外，更要关注彼此的感受和情绪，绝不能简单、粗暴地用是非对错来解决冲突。现实中有很多例子说明，当我们给足了一个人面子，为他提供很高的情绪价值时，他甚至会在利益上做出很大的让步。

要克服"我对你错"的思维模式，我们可以尝试用共赢思维来取而代之，不去指责任何人，而是本着真心化解冲突、达成共赢的态度来和对方协商解决问题，对方往往会卸下防御和抵触，不再像刺猬一样浑身是刺，时刻准备出击。这个时候，凡事就都好商量了。

适当地示弱，可以化解冲突

在狼群中有一种有趣的现象：两只因为争夺食物而发生激烈打斗的狼，如果其中一只突然就地躺下，向对方露出肚皮，这个时候，它的对手往往就会放弃攻击，打斗于是停止。之所以会这样，是因为"露出肚皮"表示狼愿意臣服。肚子是狼最脆弱、最没有攻击性的地方，狼翻滚出肚皮，表明在示弱、投降，不再反抗，想结束争端。

人类也存在类似的现象。比如，两个朋友闹了矛盾，如果其中有一个人肯主动示弱，向对方道歉，积极承担责任，那么，即便矛盾比较严重，也会因为其中一人的示弱而使气氛得到缓和，使冲突得到冷静、理性的处理。

相反，如果冲突中的两个人谁都不肯服软，都选择硬碰硬，那么，即使是小小的冲突，也会让他们得不偿失。

适当地示弱，可以帮我们化解冲突、减少矛盾，它会激发人们同情弱者的心理，使我们获得更多的包容和帮助。这种人际交往现象在心理学上被称为"示弱效应"。简单来说，就是在人际交往中，恰当地降低自身的姿态，表现出谦虚、恭谨的态度，会赢得他人更多的认可和支持，进而减少人际冲突。

1. 示弱迎合了人们的心理需要

人际交往中，恰当地示弱能够引发良好的人际互动，关键在于它顺应了人性，迎合了人们深层的心理需要，比如，能够激发人们同情弱者的心理，会使对方产生优越感，等等。

（1）人人都有同情弱者之心。生活中，我们可能遇到过这样的情况：外卖员送餐超时很久，点餐的人等得饥肠辘辘，憋了一肚子的火，心里想着："一会儿见到外卖员一定狠狠骂他一顿，还要投诉，让他为自己的不敬业、不守职业规则付出代价。"但是，当一位腿脚不便的外卖小哥气喘吁吁地出现在点餐的人面前时，他们一肚子的怒火立马会烟消云散，可能还会给那位外卖员递上一瓶水，提醒他注意安全……

这一切都源于外卖小哥身体的"弱"激发了人们深藏于内的同情心，让我们同情他的困境，理解他的不容易，这种心理会让我们和弱者产生良好的情感联结，会消解我们的敌意，不忍心去攻击他，反而愿意为他提供力所能及的帮助。

所以，当我们在冲突中能够适当地示弱，放低姿态，承认自己的不足，说出自己的困境或是困惑时，就有可能在一定程度上获得对方的理解或谅解，弱化对方的对抗心理，缓解冲突。

（2）优越感令人很陶醉。我们恰当地示弱会激发对方的优越感，为了这种令人陶醉的优越感，对方会愿意做更多友好的事情，以维持对方在我们面前的良好形象。

一位妈妈在辅导儿子作业时,常常因为儿子敷衍、抵触的态度而大发脾气,母子二人总是在作业时间剑拔弩张。在朋友的建议下,妈妈发生了转变:她先试着做一道作业题,然后很惭愧地对儿子说:"儿子,这道题我不会做,你的老师怎么讲的?能给我也讲一讲吗?"本来在旁边等着挨训的儿子听了立马来了精神,开始认真审题,给妈妈讲解……

"妈妈也有不会做的题!""妈妈还要向自己请教!"这样的想法让儿子瞬间有了很强的优越感,这和之前妈妈居高临下地监督他、指导他形成了鲜明的对比。儿子在这种优越感中忘记了作业的枯燥与无聊,也不再计较妈妈之前对他的严厉,而是为了更好地"帮助"妈妈开始认真对待每一道作业题。

这位妈妈恰当地示弱,让母子二人的作业时间不再鸡飞狗跳……

2. 示弱是自我暴露,是在表达依赖

示弱,是把自己的短板和脆弱的地方展露出来,就像案例中狼在对手面前露出最脆弱、最没有攻击性的肚皮以表示臣服一样,是一种自我暴露。

心理学研究发现,人际关系的亲密程度、牢固程度是和自我暴露的水平呈正相关的。当一个人开始恰当地自我暴露时,就意味着他在和他人建立信任的关系,并且他正常的自我暴露越多,表明两

个人的关系越牢固、越亲密。当然,过度的自我暴露会呈现一种病态的情况,这个不在我们的讨论之列。

恰当地示弱,也是在向对方释放这样的信息:"你比我强大,我现在需要你的帮助。"这是在向对方表达"我需要你"和"我想依赖你"。而被需要、被依赖,是人际关系中的正常需求。当我们真诚地表达"我需要你""我想依赖你"的信号时,对方往往会很愿意回应我们的这种邀请,并且愿意靠近我们。

恰当地示弱,会在无意识中让自己处于一种开放的状态,释放出"我是可以接近的"的信号,而那些习惯逞强、凡事都独自承担的人,其实封闭了他人接近自己的"通道",他们的无所不能似乎在对其他人说:"我强得可怕,不要靠近我。"这样的人虽然令人敬佩,但也容易引发他人的嫉妒,或者让他人望而生畏、敬而远之。

美国著名外交官、美国开国元勋之一本杰明·富兰克林曾说:"如果你想交一个朋友,那就请他帮你一个忙。"当我们以恰当的方式向他人示弱、求助、表达依赖时,我们就很有可能和对方发展出一段友情,当我们开始互相示弱、互相帮助时,我们就会逐渐加深与对方的友情。

3. 强大、完美只会激发对方的自卑和防御

很多人仰慕强者,却也最想把强者拉下马。因为强大、完美的人、事和物虽然令人向往,但它也会给人带来压力。一个各方面都无可挑剔的朋友或情侣很容易让人自惭形秽、心生自卑。与这样的人相处的时间一长,就会让人滋生一种"我不配拥有"的不配得感,进而形成巨大的压力,影响彼此的关系。

当我们不再刻意维持完美的人设，能够适当地示弱，敢于把真实的缺点和脆弱展现给对方时，对方就会觉得"原来我们也只是个普通人，也和他们一样有弱点"，这样一来，就会增加他人对我们的亲近感，拉近彼此的关系，增强情感的联结。我们才有机会拥有更加真诚、更加深刻的人际关系。

4. 恰当地示弱才能赢得尊重

恰当地示弱可以化解冲突，使人际关系更加和谐；失当地示弱会适得其反。要想有智慧地示弱，我们就要注意以下两个问题。

（1）注意边界，不要用力过猛。有的人在示弱时会一股脑儿地把所有负面问题都暴露出来，然后破罐子破摔，等待对方的同情与帮助，这样做并不会给人留下好印象，只会让人对这类人避而远之。

一个人过度示弱、反复示弱或过度表达依赖，期望他人为自己提供帮助，会侵犯他人的边界，让对方产生错觉和混乱，觉得这个人可能是在利用他，对他产生误解，反而容易引发矛盾和冲突。

（2）选对时机和对象。示弱，要选对时机和对象。当我们要表达自己的真实困境或弱点时，一定要选对人，这个人要值得我们信任，他也愿意接受我们脆弱的一面，肯向我们提供帮助。

恰当示弱的时机也非常重要，在错误的时机暴露自己的弱点和困境，即便是选对了人，也会遭遇失败。比如，你的好搭档本来就为你们的合作项目忙得焦头烂额了，你在这个时候却向他求助说："我对这个项目的流程不太理解，请你帮忙理顺一下。"这个时候，即便他碍于面子帮助了你，也会在心里给你减分，为以后的合作埋下隐患。

适当地示弱，不是真的软弱无能，而是一种处世的智慧和圆融。

第六章
倾听，处理冲突的高段位做法

学会"倾听三部曲"，还没开口就赢了

冲突发生时，双方往往会在情绪、感受的驱动下出现三种本能的反应——战斗（fight）、逃跑（flee）、冻结（freeze），这三种本能的反应是人类在危急时刻自动触发的自我保护机制。在保护机制下，人们的全部精力都用在了如何应激上，对外界的刺激处于高敏感状态（战斗、逃跑），或者正好相反——处于抑制、麻木状态（冻结）。这意味着，在冲突的过程中，我们所说的话、所做的事要么会让对方攻击我们、逃离我们，要么会让他们感到麻木，听不进任何话。

面对这种情况，明智的做法就是少说多听，多给对方时间和空间，让对方的情绪平复下来，并且能够很快进入冷静状态。

1. 学会倾听，还没开口就赢了

处理冲突的高手常常把倾听当作沟通的重点。通过倾听，我们能够更好地理解对方在冲突中的需求和期待。很多时候，冲突之所

以会发生，往往是因为双方的需求和期望有所不同。倾听可以让我们深入地了解并理解这些差异，能够更快地找到问题的根源，从而更好地化解冲突。

另外，倾听是建立信任和尊重的重要途径。所有良性的人际关系中，信任和尊重是非常重要的。如果有人肯花时间，耐心地听我们讲述，我们就能极大地感受到被重视、被理解，进而对他们产生正向的评价，并和他们建立良好的情感联结。

然而，倾听并非简单地用耳朵听，而是一种了不起的能力，需要我们不断地提升，它还是一个神奇的沟通魔法，值得我们重视。

2."倾听三部曲"

（1）倾听第一步——发生了什么？在日常的沟通中，我们最常犯的一个错误，就是还没等对方把话说完，就自以为是地从自己的思维定式和个人经验出发，给对方下一个结论。比如，当对方觉得自己受了委屈而大哭时，我们的反应可能是："他一定是想通过大哭来博取同情，让更多的人向我们施压。""他这么哭是不是想告诉他人，是我们做错了，让他受委屈了？"

这些主观臆测只会加深我们对对方的成见，让我们产生更多的负面情绪，不利于冲突的解决。所以，我们就要摒弃这些成见和评判，清空自己的大脑，抱着一颗好奇心，本着客观、公正的态度去认真倾听对方。

比如，握住对方的手臂，看着对方的眼睛，对他说："愿意和我说点什么吗？""我能帮你做点什么吗？"

当对方在我们善意的引导下能够通过语言进行述说的时候，对方往往会回归理性，让自己激烈的情绪和情感冷却下来。然后，我们就有机会和对方进行更深入的沟通了。

（2）倾听第二步——对方的情绪是什么？冲突发生时，对方可能在激烈情绪的作用下，说出一些带有威胁性的语言，比如，"我再也不想与你合作了""这和我没关系，要为这个失误负责的人是你"。听到这样的话时，如果我们负气地回应对方："说得好像我愿意和你搭档似的！""当初可是你自己找我合作的！"……这样的回应虽然能够让我们解一时之气，但无法真正解决问题，反而会激化矛盾。因为这样的回应会让我们和对方失去正向的情感联结。

为此，我们要认真倾听对方话中想要表达的真实情绪。比如，对方说"我再也不想与你合作了"，可能是想表达自己的无助和疲惫——最近的工作让他感到压力很大，他想退出并休息一下。

而当对方说"这和我没关系，要为这个失误负责的人是你"时，也可能是想表达一种恐惧或是焦虑，因为你们之间的冲突暴露了一些问题，这些会对工作产生非常大的影响，对方要你一个人为此负责，其实他在害怕和逃避责任。

当我们能够听懂对方话语背后的情绪时，我们才能真正了解发生了什么，才敢于直面情绪，进而摆脱情绪的绑架。

（3）倾听第三步——影响是什么？冲突双方，各自的人生优先级往往有着很大的差异。很多在我们看来非常重要的事情，在对方那里可能只是一件微不足道的小事。比如，我们认为，人际交往中守信、守时是很好的品质，但在对方看来，这是刻板、不知变通的表现。再如，我们随口一句的玩笑，并无恶意，但会让对方大发脾气……

要想理解一件事情会对对方产生怎样的影响，我们就要用心去感知。我们可以本着关心的态度问一下对方："这件事对你来说意味着什么呢？""在你看来，这件事的重要之处在哪里呢？"

当我们了解冲突中"发生了什么""对方有着怎样的情绪""事件的影响是什么"之后，我们就能更好地理解对方，并和对方建立情感的联结。冲突中的两个人能够处于同一个频道进行沟通时，双方就能更顺畅、更融洽地面对问题，所有的情绪也都能得到妥善的处理。

3. 带着问题更好地倾听

当然，一个人面对冲突时，要做到认真、冷静地倾听其实是很难的，大多数人的反应往往是：当对方在说话时，自己更倾向于抓取对方所说的不利于自己的只言片语，在头脑中默默演练如何应对，从而致使对方真正所说的内容被忽略了。

那么，怎样才能停止这种自我对话，把注意力集中到对方身上呢？要想解决这个问题，可以尝试带上几个问题去倾听，以问题为路标，来提取对方话语中的关键点，探索冲突的原因，找到应对的办法和行动方式，为化解冲突带来积极的转变。

以下这六个问题可供参考：

（1）你怎么看现在的这种情况？

（2）在现在这种情形下，你最关注的是什么？

（3）它为什么会成为你的关注目标？

（4）你觉得，这个问题最好的处理结果是怎样的？

（5）要想获得这种结果，我们要一起扫除哪些妨碍？

（6）此时此刻，你希望事情怎么发展？

在倾听的过程中，如果我们能够带着上述六个问题，完成"倾听三部曲"，那么我们就能做到身心合一地倾听，正如有位沟通专家所说的那样："仅有身体在场是不够的，我们在精神上和情感上也必须在场。我们如果不关注他人，那么与他们的沟通就会变得非常困难。"做到了这一点，我们就做到了为理解而倾听，而不是为对抗而倾听。

有效地倾听是一种强大的技能，可以帮助我们在人际互动中获得最大的助力，它也是一种沟通利器，能够让我们在人际交往中赢得更多的尊重和支持。这项技能值得我们花费一些时间和精力去学习和实践。

压力大的场景中，怎样静心倾听

在冲突中，我们会因为对方带有攻击性的语言或行为而感到不舒服，很难心平气和地倾听；或者，对方是我们非常讨厌、非常不想面对的人，但是为了解决冲突，我们不得不直面对方，以上种种情景常常会让我们在冲突中感到压力倍增，不知怎样才能冷静下来和对方沟通。

在这种压力很大的场景中，让自己保持开放、耐心的状态去倾听显得尤为重要。

1. 面对讨厌的人，怎样倾听

我们在生活或职场中会遇到讨厌的人，如果不巧和他们发生冲突，我们怎样才能做到耐心倾听呢？

首先，我们可以试着接受这样一个事实：我们讨厌的某个人，不一定是因为他的言行或习气极端反常、十恶不赦，只不过是不太符合我们自己的喜好罢了。然而，我们自己的信念、喜好、价值观难道就是正确的吗？

事实上，我们心中所谓正确，所谓自以为对的信念，又何尝不是我们从自我出发，在过往经验中形成的偏见呢？我们如果意识到了这一点，明白了双方身上都有这样或那样的偏见，是不是就不会太执着于评判对方了呢？对于对方做出的与我们的信念相悖的言行，我们是否就不那么抵触呢？

其次，心理学认为"所有人际关系都是映射自我的一面镜子"，意思是说，我们和不同人的互动模式可以映照出不同特质的我们。从这个角度来说，那些越是让我们讨厌的人，越有可能映照出我们之前未曾留意到的自己。

比如，你特别讨厌搭档小李，他那种只会耍嘴、从不办实事的特质让你十分厌恶。如果认真探究其背后的原因，你很可能会发现：你过去被一个有类似特质的人伤害过。小李身上的特质让你重新忆起那种糟糕的感受，但你可能不曾觉察这个心理过程，只是单纯地讨厌小李这个人。事实上，你真正讨厌的不是眼前的小李，而是过去伤害过你的那个人。明白了这个心理机制后，你对小李的讨厌程度会不会减少一些呢？

另外，我们还可以做一个心理练习。首先，我们要明白，在人际互动中，我们对一个人的观感，除了讨厌和喜欢之外，其实还有第三种情况，就是无感——既不喜欢，也不讨厌。所以，面对那些让我们十分讨厌的人，我们可以试着练习在心中淡化他们身上那些让我们反感的特质，就像电视画面中的淡出效果一样，让对方身上那些令我们讨厌的元素慢慢淡出我们的心中，把这个人慢慢划归到无感一栏中，运用理性大脑，而不再被感性驱使，以自己的好恶来评判对方。

一旦我们能够以开放的状态重新看待某个人的时候，我们能否平心静气一些呢？能否从容地坐下来，听听对方会和我们说些什么呢？毕竟，冲突总要解决，而互相逃避或是陷入无休止的争吵和抱怨，只会更加消耗自身。

2. 面对愤怒的人，怎样倾听

首先要提醒的是，我们在和冲突中的另一方正面打交道之前，最好花点时间了解、感受一下对方的情绪状态。我们如果发现对方正处于盛怒之中，最明智的选择是离开现场，另外找一个双方都相对冷静的时机再进行沟通。

但是，如果对方正在发火，而我们又不得不面对时，又该怎么做呢？

首先，正如我们前面提到的那样，当对方正处于愤怒之中时，我们最不应该做的就是为自己辩解。

我们在进行辩解的时候，其实就是在极力证明自己是对的，即我们没有错，那也就是在变相地向对方说"错的是你"，这样一来，我们的辩解反而会激起对方更大的怒火，还容易被对方抓住把柄，把我们的辩解说成我们在"逃避责任"。

所以，面对对方的盛怒，我们应该做的就是不随意打断对方的话，表情和善地看着他，通过点头等肢体动作向对方表明"我在听你说""你慢慢讲"。同时，要注意和对方有恰当的眼神交流，不一定直视对方的眼睛，否则会被理解为挑衅或是我们在走神，可以通过点头、微笑等来回应对方，表示我们在认真倾听，并听清了对方的话。

在这种场合下，我们要想做到平心静气，有一个窍门，就是一边倾听对方愤怒的表达，一边让自己的情绪抽离现场，这样可以隔离对方的言行可能给我们造成的伤害，或是避免激起我们的负面情绪，导致双方针锋相对。

另外，我们可能都有这样的常识：当一个人以愤怒的表情、极具攻击性的言语在表达情绪时，他在当时当刻其实是非常痛苦的，因为这些表现说明他在重温那些令人愤怒的感受并沉浸其中。同时，他向我们发泄怒火的过程其实是想让我们也感受一下他之前的愤怒，希望我们能感受到并理解他。他的表达方式固然会让倾听的人感到不舒服，但极度痛苦的还是他本人。从这个角度来说，我们不妨对他多一些同情，适时地安抚一下他，也许会让他变得柔软下来，从而缓解一点他自身的愤怒。

在承受对方的愤怒时，我们也可以在适当的时机告诉对方："如果我是你，我也会这么想"，类似的表达还有"是的，这的确很气人，我只是听你这么说都觉得过分"……以此向对方传递你的理解和共情，但尽量少说"我完全能理解你的愤怒"之类的话，因为对方在愤怒值特别高的情况下，不会认为有人能和他感同身受，你这样说反而会更加激怒他。

还有一点要注意的是，面对对方愤怒的输出，我们会被对方的情感卷入，也和对方一样，产生偏激的想法或冲动的言行，或是消极地评判对方，认为对方太极端、太消极……这些想法、冲动无论多么合乎情理，这些评判不论多么符合客观实际，但它们都不是对方现在最想听、最想看的。一旦我们把这些想法或冲动付诸了实践，就相当于我们站在了道德的制高点上去指责、批判对方，这会导致矛盾再次升级。

3. 面对唠叨的人，如何倾听

唠叨，其实也是一种攻击行为，或者也可以把它理解为一种语言暴力、情绪胁迫。虽然唠叨的人在措辞、语气、语调上并没有对我们造成实质性的伤害，但是唠叨的背后其实藏着这样一种暗示："我不信任你！我的话说一遍根本无法引起你的重视，所以我会不停地说、不停地说，直到把你说到屈服为止。"

这不但是赤裸裸的胁迫，也是对我们边界的侵犯。唠叨者以他们无底洞一样的倾诉欲望疯狂地挤压我们的时间、精力和情感。

所以，面对唠叨，我们一定不要过度配合，认真倾听。

如果我们确知对方是一个一旦打开话匣子就收不住的人，那么在沟通之前就告诉对方："很抱歉，我10分钟之后还有其他的事情急着处理，我现在挤出10分钟，请你挑主要的内容讲。"

或是，当对方在做无用输出时，我们可以通过无声但有力的肢体语言告诉对方"我不想听下去了"，比如：眼睛看向一边，仿佛被其他有趣的东西吸引，回避和对方的视线交流，暗示对方"我对你的话不感兴趣，请就此打住"；或者时不时地拿出手机看上几眼，提醒对方"你的话让我有些不耐烦，请你注意"。我们如果有很好的掌控力，也可以找个对方换气的时机，对他说"你提到这个的时候，我想起……"，然后把话题引到自己想说的内容上来，引导对方走向沟通的正轨。

我们面对比较难以应付的冲突对象时，还要逼着自己去倾听对方，这的确是一个巨大的挑战。但是，我们一旦做到了，就会得到巨大的回报。

不要只听攻击性语言

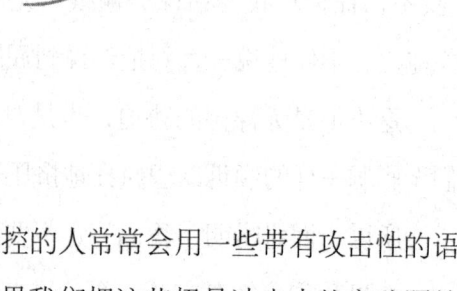

冲突发生时,有些情绪失控的人常常会用一些带有攻击性的语言对我们发泄不满。此时,如果我们把这些极具冲击力的言辞照单全收的话,就很可能被对方带偏,跟着他们一起发疯,然后双方开始互相指责,陷入相互攻击的死循环。试问,这样的结果是我们想要的吗?当然不是!那么,我们应该怎么办呢?

1. 绕过攻击性的语言,听见对方真正的诉求

在发生冲突的过程中,我们听到的往往会影响我们的判断,进而影响我们的言行和决策,直至影响冲突的走向。

因此,面对冲突,当听到对方不友善甚至是攻击性的语言的时候,我们不妨让自己冷静下来,尝试着过滤对方的攻击性语言,为了我们自己,也为了对方,暂时忽略对方说话的态度和内容,问问自己:"对方的话如果换一种方式说出来,听起来会怎样?"

虽然做到这一点很难,但我们可以给自己设立一个倾听宗旨,就是不要觉得对方是在针对我们自己。一旦能够做到这一点,我们

就能以开放和接纳的态度去倾听，不急于评判或批评对方的说话态度或方式，也不急于打断对方，给出自己的回应。

另外，了解一下喜欢攻击他人的人出于什么样的心理，以及他们的攻击行为背后可能有着怎样的动机和触发因素，这也有助于我们在冲突中保持冷静，从而采取更加理性和有效的应对策略。

2. 有的人为什么喜欢攻击他人

一个人喜欢通过言语或行动攻击他人，往往会出于以下五种原因。

（1）自我价值感很低。攻击行为是一种看似很有力量，实际上非常虚弱的表现。喜欢攻击他人的人往往自我价值感偏低，对外界的评价很敏感。一旦他们觉得自己可能被贬低、被轻视的时候，就会通过攻击他人来彰显自己的力量，以暂时缓解内在的自卑感带来的羞耻。

（2）控制欲强。一个人越是自卑，他越是想操控一切，以获得满足感和安全感。当这类人发现有人不受他们的控制，满足不了他们的期望时，他们就会表现出攻击性的言行来宣泄失控带来的愤怒和恐惧，同时也想通过攻击来威慑他人接受他们的控制。

（3）恶劣心境。经常表现出攻击性的人，其中有一部分人长期处于负面情绪中，他们在大部分时间里都感到郁闷、压抑、悲观、焦虑。这类人一旦遇到外界环境刺激，就会产生很强烈的情绪反应，处于情绪失控状态，他们又无法正确地处理这些情绪，只能通过攻击他人来发泄压力或是暂时缓解不良情绪。

（4）非适应性的防御机制。习惯攻击他人的人，他们的防御机制往往是非适应性的。比如，当他们遭受挫折、被拒绝、被批评时，不知如何面对，便把这种糟糕的情绪抛给他人——通过攻击他人来保护自己。

（5）恐惧情绪驱使。喜欢攻击他人的人往往严重缺乏安全感，这会让他们内心形成巨大的恐惧情绪，在恐惧情绪的驱使下，这类人会攻击他人，以先发制人的方式保护自己。从表面上看，是他们在攻击他人，实际上是他们在克服内在的恐惧。

3. 提高语言的转化能力

要想过滤对方的攻击性言语，我们要提高语言的转化能力，努力把攻击性的语言转化为对方真实的诉求和愿望，找到冲突的根源。

比如，对方说："我觉得你这个方案很差劲。"乍一听，这话像是对方在贬低我们，在和我们对着干，实际上，对方可能是想通过打压我们来保护自己的利益，维护自身的想法。

我们现在来比较以下两组不同的表述。

攻击性的表达："凭什么提交方案之前要和你打招呼？你以为你是谁？！"

转化后的表达："提交方案之前，我还要向你打招呼，让我感觉很没面子。"

当他人表现出对我们的忽略和不尊重时，我们会认为对方看不起我们，但真相可能是对方想用轻视他人的方式来彰显自己的优越感，来平衡他们内心的自卑。

再来看一组不同的表述。

攻击性的表达："哟，你这下可是风光了，把他人的风头都抢尽了。你好意思吗？"

　　转化后的表达："你的出色表现让我感到十分嫉妒，我可真差劲，只有在下面欣赏的份儿。"

　　当有人阴阳怪气地讽刺或羞辱我们时，我们常常会认为他们在伤害我们，而背后的真相可能是对方想通过极具攻击性的言行来宣泄他们的痛苦，因为他们的内心此时正承受着某种自我攻击的痛苦。

　　我们的头脑如同一个精密无双的仪器，如果我们纠结对方的攻击性言论，往往会触发我们的防守反击机制。当我们开始认定对方在攻击我们时，我们的大脑就会下意识地搜索那些对自己有利的证据、说辞及强大而严密的逻辑，准备反击对方。

　　相反，如果我们能做到内心安定，透过对方的语言看透本质，抓取对方语言背后的关键信息，取代冷战或者想和对方吵一架的冲动，就标志着我们已然开启了解决问题的模式，将重点放在了去理解对方为何这么做、需求是什么，从而引导对方和我们一起分析问题，化解冲突。

　　以下是冲突中最为常见的语言转化公式，我们可以参考一下，试着提高自己对攻击性语言的转化能力。

　　　　对方拒绝我们＝他有自己的需求；
　　　　对方威胁我们＝他很害怕、很恐惧；
　　　　对方攻击我们＝他在承受痛苦，在进行自我攻击；
　　　　对方蔑视我们＝他很自卑，在彰显虚弱的优越感。

第六章　倾听，处理冲突的高段位做法

读懂对方攻击性言行背后的内在心理诉求，我们就可以在冲突中转念，把双方的戾气化为祥和之气。

4. 相信双方能够在最佳状态下对话

人的态度和情绪是具有感染力的，在人际互动中，人们倾向于根据对方的态度来调整、转变自身的态度。所以，如果我们能够在冲突中以最佳状态和对方展开对话，本着真诚地解决问题的态度感染对方，相信有效对话是可能的，以及对方愿意建设性地解决问题，那么，我们就有可能影响对方，使他们自动放弃攻击性的言行，转为采取合作、友好的态度。

比如，我们可以抱着十分关切的态度问一下对方："我注意到你刚刚提到……的时候很生气，能具体说说你了解到的情况吗？"

或者通过反馈来确认自己是否真正理解了对方的感受和观点。比如，我们可以说："你的意思是不是想说……让你很愤怒，我理解得对吗？"

或者通过提问来深入了解对方的观点和感受。比如，我们可以问："关于……你方便多说一些相关细节吗？"

当对方在我们的引导下展开话题的时候，我们一定要抱着十分感兴趣的态度去倾听。在沟通中保持对对方的兴趣、愿意倾听对方会让我们变得开放，可以将对话的重心从攻击性语言的干扰中移开，转而关注更深层的问题，进而改变对话的性质。而我们拒绝了解和倾听对方，很容易让对方破罐子破摔，和我们对抗到底。

聆听过程中不要提出建议

女孩:"老师说我最近学习成绩下降了,我这半学期的确是一拿书本就犯困。"

姐姐:"早上应该是头脑最清醒的时候,那你以后每天早起一小时看书,努努力吧。"

女孩:"我早上若少睡半小时,一整天都会困得不行,你还让我早起!"

姐姐:"那怎么办?要不要点杯咖啡?"

女孩:"我不是喝过吗?我早上喝的,到晚上还有后劲呢,一宿都睡不着觉。"

姐姐:"这也不行,那也不行。你可真矫情!我不管了!"

女孩:"谁说让你管了啊?我就是想和你聊聊天。老师批评我后,我有点郁闷,想和你聊聊,你这一通乱出主意,还说我矫情!"

如果我们把自己代入上述案例中的女孩角色,想一想会是什么感受呢？我们本来是想和姐姐倾诉，疏解一下负面情绪，结果对方不但没用心听，还一直插话打断我们，出各种不着边际的主意，这会让我们的心情怎样呢？我们本来就郁闷的心情会变得更加烦躁，甚至想着以后再也不找姐姐聊天了，因为越聊越添堵。

1. 不要轻易提建议

上述案例告诉我们：当他人在倾诉的时候，不要轻易给对方提建议。日常倾诉如此，在人际冲突的沟通中也如此。特别是当冲突对象情绪激动时，我们一定要抑制自己想做出回应或者想给对方提建议的冲动。即便我们的建议完全是出于善意的，但是当对方正情绪激动的时候，我们的建议也往往会被对方忽视，可能还会引发对方的反感，引起更大的冲突。

在双方发生冲突的情景下，对方在述说的过程中被我们打断，甚至还被建议要如何如何，这很可能被对方理解为，我们不耐烦再听他们说下去，想通过提建议的方式操控或纠正他们的行为，或是通过建议对他们的行为指手画脚，进而来贬低他们。试想一下，如果对方这样想的话，这段原本就有冲突的关系又会怎么发展呢？

所以，我们不要在冲突性的沟通中轻易给对方提建议。

每当我们内心产生想打断对方并提供建议的冲动时，请做10个深呼吸，然后在心里思考以下四个问题：

（1）我打断对方，想要给对方建议的动机是什么？

（2）我真的是在中肯地给对方提建议吗？还是想变相地反驳对方？

（3）我的建议会安抚对方的情绪吗？还是仅仅想刷我自己的

存在感?

（4）我的建议对化解冲突有帮助吗？

我们如果能够认真地思考上述问题，就会打消提建议的想法。

2. 同理性倾听，让对方的情绪有一个出口

"很多时候，提问的人心里已经有了答案。与人求助只是想确认自己的决定是对的。"这是日本作家东野圭吾在《解忧杂货店》中的话。它道出了大多数沟通的真相：很多人与他人沟通的目的，不是寻找答案，而是寻找认同和支持，为了让自己更安心地去实施心里已有的那个答案。

所以，作为倾听者，我们最应该做的就是放下所有的评判、说教，管好自己的嘴巴，认真地去倾听。真正的倾听不仅要听见对方的语言，还要听懂对方话语背后的弦外之音，这需要我们用心去感受对方的言语和非言语的信息，听懂对方话语背后的情绪、真实的需求和愿望。这样，我们才能和对方在情感上建立联结。这样的倾听才能使我们和对方产生同理心，让对方的情绪有一个宣泄的出口。

所谓同理性倾听，就是倾听者抱着充分尊重的态度，抛却头脑中所有的成见，放空身心，用倾诉者的眼睛看，用倾诉者的耳朵听，用倾诉者的心去感受，全然地将注意力聚焦在倾诉者以及对方想要传递的信息上。

如果我们仅仅是用大脑倾听，就会断掉这份联结，在意识层面倾向于向对方提供建议，甚至帮对方做分析、下判断，反驳或否认对方的想法、观点。这样，我们就失去了倾听者的身份，沦为没有

边界的说教者。这往往会引发对方的防御和抵触心理，使我们好心的建议成了引发冲突的导火索，正如一句话所说：好心放错位置就是多事，建议配错场景就是乱语。所以，与其盲目地好心建议，不如闭口倾听。

3. 恰当地反馈，另一种形式的同理性倾听

冲突性的沟通中，我们常常会遇到这样的情景：冲突对象在情绪激动的情况下会一直说个不停。这个时候，如果我们仍是一直安静地坐在对面，一句话不说，被动地倾听，并不是最好的选择，也迟早会被对方觉察出我们是在敷衍他们。与其这样，不如负责任地打破这种局面。

积极地倾听，带着同理心去倾听，并不意味着我们要纵容对方情绪泛滥地说个不停。同理性地倾听需要我们积极参与，具体来说，可以通过恰当的反馈来推进对话。比如：

"不好意思，我可能要插个话，你刚才是不是想说……我这样理解，对吗？"

反馈，就是以自己的理解，将对方的话概括地复述给对方，以求证自己是否理解了对方的意思。类似的还有：

"请稍停一下。我得确认一下，就是……你说的是这个意思吗？"

还有一种反馈是澄清式的，比如：

"稍等，稍等，你说的……是A还是B？我没听明白。"

这是在反馈自己没听清，请对方再进一步澄清一下自己所说的内容。

由此可以看出，所谓反馈式倾听，是指认真倾听对方的观点后，初步了解对方的想法和感受，并按自己的理解将对方的想法和感受反馈给对方，以进一步了解对方隐藏的感受，从而确保双方传递、接收的信息是准确的。

恰当的反馈式倾听是另一种形式的积极倾听、同理性倾听，它的优点在于，在反馈的过程中，可以帮助双方进一步梳理情绪、澄清事实、理清冲突发生的来龙去脉。同时，最重要的是，和提建议不同，反馈式倾听是把关注点仍然放在倾诉者身上，可以使倾诉对象感到自己被倾听、被关注、被理解；而提建议则是把关注点从倾诉者身上移开，会让对方感受到被忽略、被轻视。

值得注意的是，我们在反馈对方观点时一定要客观、不偏不倚，如果对其中的一些说法一时无法理解，我们就正面提出来，而不要曲解对方的想法，否则很容易引发新的分歧或冲突。

恰当地反馈对方的观点，可以试试这种方法：在反馈中列举对方观点中所有你同意的部分或是你从对方那里学到的东西，这样会博取对方更多的好感，有利于安抚对方的情绪，促进双方友好的沟通。

另外，反馈式倾听还可以用来对那些说话啰唆的对象进行引导，而不至于引发他们的反感。比如，对方说了很久却没有停下来的意思时，我们可以试着插话：

"对不起，我得打断一下您，我的注意力有限，您刚才说的信息量有点大，我一时消化不了这么多信息，暂停一下能够让我更好地理解您所说的话。您刚才是说……，是这个意思吗？"

这种打断会让对方觉得你真的很重视他所说的，真的想要了解他。

冲突中的有效沟通，并不在于我们听懂了多少，能给出多少建议，而在于我们在多大程度上让对方觉得我们在认真地倾听，在于让对方觉得他得到了尊重。只有在这种情况下，我们适时地提出建议才会被对方接受；否则，我们再好的建议也会被对方解读为我们在干扰他们，在对他们指手画脚。

第七章
平复冲突中的情绪

有仇当场就报，只会激化矛盾

多次被领导安排活多钱少的工作，想"发疯"。

业务搭档效率低，影响整个团队业绩，年度奖金泡汤，想"发疯"。

从某网店买的电器质量有问题，商家拒不退货，想"发疯"。

……

总之，生活和工作中有各种各样的原因让人想"发疯"。所谓"发疯"，就是有仇当场就报，绝不内耗。

有仇当场就报往往是以破坏性的方式来应对冲突，如强硬地要求对方妥协、退让，或提出对抗性的问题，或是做出粗暴、恶意的反应，如大喊大叫，用极具攻击性的语言辱骂对方……人们一旦以这种方式处理冲突，就意味着矛盾会激化，冲突会不断升级。

破坏性地面对冲突不只会破坏我们的人际关系，还会损伤我们的身心健康。人们在激烈的冲突中会有很强烈的生理变化，如心率加快、血压升高，这些会抑制人体的免疫功能。而且，这种副作用会随着每一次的情绪爆发而累积在身体中，形成健康隐患。

1. 有仇当场就报和情绪系统

人们在面对冲突时会产生强烈的情绪反应和想当场报仇的冲动，主要是因为我们每个人都有一个强大的内在防御机制——情绪系统。

这一系统的功能是帮助人体趋利避害。当环境中的压力、威胁会对我们造成伤害时，比如，当我们的个人边界、自尊，或是信念、价值观受到挑战时，我们的情绪系统就会立刻开始运作，自动激发我们的本能，做出对抗危险或是逃避危险的行为，以获得生存优势。这一运作机制作用到日常生活中，主要表现为：当我们面临冲突时，如被他人批评、指责时，情绪系统的运作会使我们产生愤怒情绪和攻击的冲动。

因为情绪系统的运作特点是快速、强大、自动化、过度反应，所以，冲突中的情绪反应往往都是自身无法觉察的自动化反应，一旦被触发就会控制人的理性思维，使我们做出很多非理性行为。

2. 控制本能脑和情绪脑

美国神经学专家保罗·麦克里恩在20世纪50年代曾提出"三脑理论"。他认为人类的大脑是由本能脑、情绪脑、理智脑3个脑区构成的。本能脑负责人体基本的生理功能和本能反应，如控制身体肌肉、平衡、呼吸、心跳、进食等；情绪脑则控制我们的情绪调节、记忆、哺育和性行为等；理智脑主要负责高级认知功能，如逻辑思维、决策、语言和抽象推理等。

当人受到外界刺激时，三个脑区都会做出反应，但反应速度有所不同，本能脑快于情绪脑，理智脑反应最慢。比如，当我们遇到冲突时，先是本能脑运作，控制我们做出逃避冲突或对抗冲突的反应，然后是情绪脑功能启动，控制我们是害怕还是愤怒，最后是理智脑帮我们分析以后怎么恰当地处理类似的冲突。

专家发现，本能脑的启动要比理智脑早6秒，所以心理学家建议我们，要想理性地面对冲突，就要用理智脑接管本能脑和情绪脑，而其中的关键点就是抓住"黄金6秒"。

具体来说，当产生负面情绪或是有暴力冲动时，为避免做出不理智的言行而后悔，请先让自己冷静6秒，在心里默数6个数，或是深呼吸6次，给我们的理智脑留出一点时间，然后让理性回归，而不是让情绪或冲动掌控局面。

3. 表达愤怒≠愤怒地表达

遇到冲突时，我们若有愤怒而不表达，负面情绪就会积郁在身体里，损害我们的身心健康。但如果表达愤怒不得体，不但会伤害我们的身心健康，还容易破坏我们的人际关系，后果更糟糕。那么，我们应该怎么表达自己的愤怒呢？

首先，我们要明确一点：表达愤怒不等于愤怒地表达——情绪可以"说"出来，而不一定非"做"出来。把情绪"做"出来可能意味着大吼大叫、摔东西、发出威胁，而把情绪"说"出来，则是基于客观实际说出自己的真实感受。

一对恋人约会时，女孩的时间观念很强，每次都准时赴约，而男孩却经常迟到。当男孩第三次迟到时，女孩终于表达了不满，说道："由于你经常约会迟到，我感觉你很不尊重我，我很生气。我希望你能遵守时间，也尊重我这个人，以后约会请准时。"女孩的语气和态度让男孩深受触动，从此以后他再也没有迟到，两个人的关系也越来越亲密。

愤怒作为一种很有张力的情绪，很具有攻击性，如果情绪化地把它表达出来，会让人恐惧并与他人产生冲突。我们如果能够有节制地表达愤怒，它的力量反而有可能使自己和他人的联结更亲密。

所以，在冲突中有愤怒情绪更要积极、有效地表达。当我们节制性地表达愤怒时，这种力量会让他人折服于我们的原则和态度。

4. 坏情绪，我们的友好信使

心理学家发现，那些遇到刺激就很情绪化、当场就报仇的人，往往是坏情绪缠身的人。所以，我们要多多关照自己的情绪，特别是多了解自己的负面情绪。虽然坏情绪会让我们的感受很糟糕，但它从来不是为了伤害我们而出现的；相反，它可以帮我们抵达真实的自我，向我们传递有效信息。

（1）愤怒、委屈、悲伤，表明我们有未被满足的需要。在一般情况下，当我们的需要被满足时就会引发积极的情绪，反之会产生消极的情绪。当我们在人际互动中感到愤怒、委屈、悲伤等复杂的情绪时，可能意味着我们的重要需求没有得到满足。

此时，我们最好放下指责、抱怨和攻击，沉下心来好好觉察自己的需要，让它们被看到，"看到即是疗愈"，一旦我们未被满足的需要和情绪被觉察到，我们就会发生好的转变。

（2）愤怒、恐惧，表明我们的个人边界被侵犯。当和伴侣、子女、朋友、工作伙伴互动时，我们如果总有莫名其妙的愤怒感或恐惧感，可能意味着我们的个人边界被对方侵犯了。有时这种侵犯是非常隐秘的，连我们自己都没有觉察到，但是，内心莫名的愤怒或恐惧会给我们指出来。此时，如果能够静下心来和自己的情绪进行对话，我们就会听到一个强烈的声音："我不想再为对方付出，这样的牺牲已然够多了，我要做回我自己……"

（3）愤世嫉俗、迁怒于人，表明我们可能在苛责自己。当我们总是指责他人、向他人发火时，其实可能是我们在生自己的气。也就是说，这种愤怒也在指向我们自己。

有人常常表现得很挑剔、愤世嫉俗、迁怒于人。这样的人看起来总是在攻击他人，实际上，他们在以这样的方式表达对自己的不满。因为承认自己不好、进行自我攻击是一件非常痛苦的事情，所以他们只好把矛头指向外界，让内在的愤怒得以释放。当觉察到这一点时，意味着不良情绪在提醒人们："亲爱的，请对自己好一些。"

当情绪来敲门时，请不要把它拒之门外。了解了情绪的真相，意味着对自己多一些了解和理解，我们才会很快恢复愉悦、健康的情绪体验，以及恢复与人和谐、美好的关系。

觉察与接纳，降低冲突中的应激反应

当负面情绪产生的时候，人们最常见的两种反应：一种是倾向于立刻把这种情绪压制下去，故作镇静，就像什么都没发生一样；另一种则是下意识地攻击他人，让情绪以一种破坏性的方式表现出来，似乎这样就能把不好的情绪转移给他人，结果把双方的关系弄得越来越糟糕。

这两种反应都是排斥、抵触情绪的表现。我们越是抗拒，它给我们的反作用力也就越大，越容易让我们出现应激反应，言行冲动。如果我们试着觉察和接纳负面情绪，和它展开对话，让它帮我们看清楚自己在面临什么样的局面，以及冲突的背后具有怎样的驱动力，也许就能降低与情绪的对抗。

1. 接纳自己的情绪，寻找真正的问题

接纳情绪，觉察情绪，把情绪当作信使，看看它在向我们传达一些什么信号。比如，当我们感到气愤、愤怒等，先不要急着摆脱它，做个深呼吸，同时问自己几个问题：

"我为什么会有这样的感觉？"

"到底是什么让我如此生气？"

"我该怎么做？"

当我们带着这些问题探究、觉察情绪时，我们就得以和情绪保持联结，而不是和它断联或是让它停滞在那里，这是我们发生积极转变的关键。同时，我们还应该把这些情绪和感受以恰当的方式告诉和我们产生冲突的另一方，让对方了解我们的情绪，了解我们当下的状态，并且邀请对方参与进来，和我们一起寻找解决方案。

在和他人进行沟通时，我们如果能够时刻觉察并接纳自己的情绪状态，就可以最大程度地减少情绪对冲突的影响。否则，我们很容易做出冲动、失当的言行；另外，带着负面情绪也会让我们曲解对方的言行或情绪，比如，也许对方所说的话并没有攻击我们，但是我们如果正处于十分愤怒的情绪中，就会把他们很常见的一句话解读成在挑衅我们。

接纳情绪、觉察情绪，可以帮我们在意识层面和自己的愤怒、自己的冲动对话，对话的过程也是调节情绪的过程，经历这个过程后，我们往往就能够用理智、善意的方式去看待冲突中的另一方，并且用友好的方式进行沟通，将原本可能带来伤害的冲突转变为促进双方关系的机会。

2. 接纳对方的情绪，引导沟通的走向

发生冲突时，我们面对的沟通对象往往有各种状态，有的可能情绪很激动、声音很大，似乎马上要冲上来打我们一顿，让人感到

畏惧，想要回避；有的人虽然没有威胁性的言行，但他们的状态让我们觉得对方简直不可理喻、莫名其妙……

我们无论是哪种感觉，其实都在说明一个事实——我们拒绝承认、接纳对方的情绪。我们如果抱着这样一种状态和对方进行互动的话，会是什么样的反应呢？我们的反应可能是：表现得比对方更激动，嗓门更大，动作更夸张，一心想震慑住对方；或者找个借口匆匆离开，逃离和对方面对面的沟通，指望冲突自动消失。其结果是，让双方的矛盾和冲突更激烈。

那么，恰当的做法是什么呢？答案就是——接纳对方的情绪，引导沟通的走向。

（1）读取对方的情绪。如果我们能够正确地读取对方的情绪，把他们的情绪言语化，就会让对方觉得我们愿意理解他们，也能够理解他们，这样他们就会慢慢平复情绪，并愿意和我们建立联结。

"这件事让你十分生气？"

"我的话让你很担心。"

（2）共情对方的情绪。如果对方的情绪非常激动，我们先不要害怕或回避，而要试着共情对方的情绪。比如，试着以关切的态度询问对方的感受：

"你看起来很生气，能告诉我为什么吗？"

或者，我们也可以表达对对方情绪的认同：

"你说的这个的确让人很后怕，如果控制不好，它的确会给我们的工作造成严重的影响。"

我们如果能够共情对方的情绪，就能够把对方的情绪势能泄掉，如同让一个撑得快要爆炸的气球放一点儿气出来，它就不会被撑破一样。一旦对方的情绪势能被泄掉，情绪张力没有那么大的时候，他们就会慢慢回归冷静和理智，重新和我们进入良性的沟通。

如果我们能够成功地接纳自己的情绪，也能接住对方的情绪，那么我们就能减少双方在冲突中的应激反应，迈出顺利地化解冲突的第一步。

识别、管理冲突双方的情绪

主管:"你最近工作不怎么努力啊!"

听主管这样说,下属觉得很委屈,自己明明已经很卖力了啊!于是他反驳道:"我最近每周有三天都在加班,还不算努力啊?"

下属不够善意的回应让本来就恨铁不成钢的主管很生气,训斥下属道:"加班就是努力吗?你的效率和成果呢?坐你对面的同事一天班没加,都出了两个策划案了,你呢?你只出了这么一个,还没过审。照这样下去,年底末位淘汰,你可就危险了啊!"

主管居然用末位淘汰来威胁下属,使下属想到之前主管在工作中偏心他人、对自己冷淡的事情,下属一下子就爆发了:"你什么意思啊?他人的策划不过审可以继续改,到我这里就要被末位淘汰?!你就是看我不顺眼吧!是因为我没有拍你马屁,不给你送礼吗?"

从上述案例中的沟通方式来看，我们可以清晰地感受到主管和员工在你来我往的对话中，随着情绪的逐渐发酵，双方也从分歧升级到冲突，甚至到了人身攻击的地步。

从中我们不难得出结论：沟通双方的情绪在冲突中起着关键作用。一旦双方的负面情绪被点燃，就可能引发冲突或使冲突升级。那么，我们应该怎样通过管理情绪来化解冲突呢？

1. 情绪是由什么决定的

在心理咨询行业中，认知疗法有一个著名的"情绪 ABC 理论"。这一理论认为，人们的消极情绪或问题行为不是由事件直接引发的，而是由人们对事件的不正确认知和评价引发的。

> 一个年轻人最近生意失败，很痛苦，他打电话给朋友想寻求安慰，朋友没接电话（事件）。他认为朋友很势利，知道自己落魄了，就不理他了，电话都不接了（认知）。他感到非常伤心和愤怒（情绪），拉黑了朋友的联系方式，决心就此和朋友绝交（行动）。实际上，他的朋友当时正在休息，手机静音了。这位朋友想联系他时，却联系不上他了，两个人就此失去了联系。
>
> 同样，另一个年轻人也遭遇了类似的情形（事件），但他觉得朋友没接电话，可能是没听见，或是有事不方便接听，有空的时候一定会回电话给他（认知），所以他安心地（情绪）去做其他的事情了（行为）。果然，朋友后来回电话给他，两个人聊了很久，他的心情好多了，他还觉得有这样的朋友真幸福。

这两个对比鲜明的案例，为我们形象地展示了"情绪 ABC 理论"的内容：同样面对朋友不接电话这件事（A），两个人的认知（B）完全相反，结果导致他们的情绪（C）和结局也完全不同。从这个意义上来说，我们如果能够改变自己对事情和他人的看法，即改变自己的认知，就能改善我们的情绪。

2. 识别我们自己的情绪

一般来说，在冲突过程中，人们最容易产生的情绪大概有两种：一种是愤怒，另一种是恐惧。这两种情绪都有警示作用，提醒我们正在面临危险，比如，我们的利益或是自尊正在被对方侵害。

（1）识别自己的愤怒。愤怒是一种很激烈的情绪，可以引发很多生理反应，如不由自主地紧握双拳、注意力涣散，最典型的还有胃痉挛、心跳如鼓、肩颈僵硬、脸色泛红、呼吸加快、头疼，有的人还会不停地来回走动。

"情绪 ABC 理论"认为，人们的愤怒情绪并非完全是外部因素引发的，有很多是人们的不正确认知引起的，即"引发愤怒的消极思维模式"，常见的有：

一是过度概括，并倾向于负面结论。比如，"没有人在乎我的感受""他总是打扰我""我从来没有得到应有的尊重"等。

二是思维僵化。口头禅是"应该""必须""只能"，比如，"这个事必须这么办""你应该按我说的做""这个方案只能按这个模式走"……一旦现实不符合自己的要求或愿景，人们就会十分愤怒。

三是只关注负面信息。这类人对积极的信息视而不见，让负面信息不断累积并发酵，最后自身不堪重负，爆发情绪问题或行为问题。

（2）管理自己的愤怒。一是感受愤怒。感到愤怒时，试着关注身体的感受，如关注自己的心跳、肌肉的紧张感、呼吸的快慢等，并不带任何评判地接纳它们，我们就能遏制愤怒升级或缓解愤怒。二是深呼吸。缓慢地进行腹式呼吸，让肺部尽量多地吸入新鲜空气，边呼吸边默数呼吸的次数，慢慢就会让自己平静下来。

（3）识别自己的恐惧。恐惧是人类最基础的情绪之一，它能帮助我们识别和应对潜在的威胁，保护我们免受伤害。当我们感到恐惧时，常常会有以下表现：

一是控制欲强。控制欲往往源于焦虑情绪，更深层的原因是没有被正视和被处理的恐惧，如果内在的恐惧得不到解决，人们就会通过控制外部环境来对抗焦虑和恐惧。

二是顺从。缺乏安全感，以及出于无法自我保护的恐惧，会让一个人处于低自尊的状态，表现为顺从他人、讨好他人。

三是内耗。当面临重大事件、巨大压力时，人们的内心就会很纠结、很紧张，甚至吃不下、睡不着。人们之所以如此，也是因为恐惧，是极度担心失败，恐惧承受后果的反应。

（4）管理自己的恐惧。恐惧是一种本能的情绪反应，当它发挥负面作用时，会给我们造成很大的伤害和影响，我们要试着克服它。

一是直面恐惧。首先承认恐惧是正常反应，是人类的本能。我们如果恐惧在冲突中面对他人，就不妨多与他人沟通几次，每次沟通时让自己充分放松下来，告诉自己"没什么大不了""这不是世界末日"。沟通之后，我们把表现好的部分详细记录下来，多次复盘、学习，对表现不足的部分好好反思、改进，只记住改进后的部分，把改进前的部分从记忆中抹去，避免下次沟通时不好的记忆浮现出来。

二是积极自我暗示。什么最令人恐惧？答案是未知，是不确定性，是失去掌控感。当我们经常告诉自己，"我能够在冲突中很好地保护自己，不需要依赖外在的不确定因素""我可以在冲突中为自己负责，不需要指望他人""我能够在冲突中掌控自己，没有人能够影响我"……我们就可以让自己的心安定下来，不再被恐惧牵制。同时，我们也要不断地提升自己的沟通能力和应对能力，我们只有能力足够强大，恐惧才会相应减弱。

3. 识别他人的情绪

冲突中，知己知彼很重要。了解对方处于怎样的情绪状态，有利于我们采用相应的对策，更好地与对方沟通。

一个人的语言及声调、面部表情、手势、体态等信息可以暴露他的情绪。比如，当对方说着说着，突然从座位上站起来，声音高亢、用力挥舞着手臂逼近你时，表明他很愤怒，很有威胁性，不要再激惹他。而当一个人嘴巴张大，眼睛紧闭，面无血色，双臂紧紧抱在胸前，身体蜷作一团，说不出话，或者说话结结巴巴时，表明他正处于极度的恐惧之中。

4. 管理对方的情绪

管理对方的情绪，最好的方式是不评判、不反对，这并非软弱和顺从，而是不计较于一时，从大局出发的应对策略。

（1）不评判。面对一个情绪激动的沟通对象，如果我们对他说："你冷静点儿！"

"为这么点儿事，至于吗？"

"你担心成这个样子，又有什么用？"

……………

这样做，会让对方的情绪越来越失控。此时，我们最应该做的就是不评判，不去指责和说教对方，而是表达充分理解与认同对方。

比如，对方说："你让我很恼火。"

即便你不认同对方的话，但也不要急于反驳，可以先回应说：

"哦，那您能具体说说是什么原因吗？"

"很抱歉，我让你这么生气。"

这样的回应会让对方感受到自己被接纳，感受到我们愿意和他站在一起讨论问题。慢慢地，这样沟通几次之后，我们就会发现：对方的情绪会逐渐稳定，直到最后恢复平静。

（2）不唱反调，真诚接纳对方。在沟通过程中，我们减少说"你不对""我不同意"等，可以换成"我明白你的想法""嗯，我知道你不同意我的看法"，以此向对方表明我们不会对抗和攻击对方。

更为重要的是，我们这样说的时候，即便对方不赞同，即便对方很愤怒，我们也应该本着真诚之心——真心地希望能够安抚对方，能够使双方都在理性的轨道上进行沟通。只有这样，我们才能真正管理双方的情绪，引导对话向着好的方向进行。

有效吵架是一种能力

吵架，也可以是具有建设性的。作为一种激烈的沟通方式，吵架在人际关系中扮演着重要的角色，它不仅是情绪的表达，还是一种特别的信息传递方式。它能够深层地暴露冲突双方的诉求和期待，为化解冲突提供新的视角。建设性地处理吵架可以让双方的关系更加紧密，而破坏性地吵架则有可能导致彼此关系的破裂。

1. 无法好好吵架的人会囤积伤害

那些认为吵架不好的人，在遇到"本可以好好吵一架"来快速解决问题的场合时往往采取消极回避的方式。他们不敢跟任何人吵架，恐惧人际关系中任何形式的冲突，最后只能委屈自己。

这种消极回避的方式不仅保护不了彼此的关系，还会进一步破坏双方的关系，同时还会给个体造成身心伤害。

（1）压抑愤怒。冲突发生时，明明情绪已被对方点燃，却要硬生生地咽回去，把自己憋得像个气鼓鼓的河豚一样，要压抑着愤怒的情绪，让自己缄默不言，甚至赔着笑脸向对方表明"我没事""我没生气"。一次、两次，甚至多次压抑之后，当情绪积攒到一定程度时，一个人要么会有一个大爆发，要么会以其他消极的方式宣泄出来，如暴饮暴食、报复性消费、抑郁等。

（2）被动攻击。心理学认为，对一个身心健康的人来说，他的情绪、情感是呈流动状态的。有些情绪如果无法在正常的通道中流动，它就会像洪水泛滥一样，脱离原来的轨道，不受控制。

一个人因为无法好好吵架，不能正面地表达愤怒的感受时，就会在无意识中采取间接的方式来表达愤怒，如讽刺、挑剔、唠叨等，这几种方式虽然让对方感受到了攻击，但发泄情绪的人其实是在掩饰自己的愤怒，即他的愤怒并没有被人看到。心理学上有种说法，叫"看见即是疗愈"，一直不被看见的情绪、创伤会不断地重复，为的是在不断的重复体验中平复这些负面情绪，修复这些创伤。所以，愤怒不能正面表达，不被看见时，就会反复出现，最终成为一个人的性格特质，使个体成为容易被激怒、容易以激烈的方式表达自我的人。

（3）冷暴力。当一个人无法正面表达愤怒时，他就会以冷暴力的方式处理冲突双方的关系，通过忽视、无视对方的存在来表达愤怒，主要表现为冷淡、轻视、疏远、漠不关心，这意味着实施冷暴力的一方"哀莫大于心死"，已经没有兴趣再跟对方进行沟通。

冷暴力会导致他人精神上和心理上受到侵犯和伤害，对人际关系来说，这是最具破坏性的方式之一。无论是家庭冷暴力，还是职场冷暴力，都是一种精神虐待，只要有任何风吹草动，处于冷暴力中的这段关系可能瞬间就会瓦解。

（4）心理操控。无法好好吵架的人有时会通过回避责任来对他人进行心理操控,这是另外一种暴力沟通方式。实施心理操控的人倾向于这样与对方沟通:"你这么做真是太让我伤心了""这是领导让我做的,我不得不做"……类似这样的言语可以淡化自己的责任意识,将问题完全归结于外因,并强求对方做出改变,对方如果不肯改变,那么就要对问题负责。这种暴力沟通方式有时会使对方怀疑自己的认知和能力,实施心理操控的人便达到了控制对方的目的。

2. 有效吵架的好处

英国的剑桥大学有一项研究表明,有效吵架其实和我们谈心是一样的,是紧密关系中不可缺少的活动。它能够使双方确认自己在关系中的人际边界。

如果同事在没经你允许的情况下用了你的指甲刀,而你认为指甲刀是很私人的物品,非常反感被他人随便用,于是你提醒对方:"不可以随便用我的指甲刀!"对方虽然有点不理解,但看到你坚决的态度后,会回应你:"知道了。"

…………

经过这次吵架,对方知道了你关于指甲刀的边界,你也了解了对方在这件事上的态度,这一场吵架就确立了你们的人际边界。对方可能以后不会再用你的指甲刀,而你也会在对方面前小心地保护好自己的指甲刀,确保不会让他轻易拿到。

所以,有效吵架可以达成人们之间本来达不到的深层次沟通。而且,吵架过程中的紧张感也意味着彼此的关系充满了能量,充满了更多的可能性。吵架之后,双方的关系会迈向新的阶段。

消极对待吵架会囤积伤害，有效吵架好处多多。那么，怎样做才属于有效争吵呢？简单来说，就是有效吵架是通过语言客观地表达冲突双方的分歧，把冲突双方之间的矛盾具象化、清晰化地呈现出来，从而找到化解冲突的方式。

3. 有效争吵需要注意的事项

有效吵架需要吵架的双方在沟通中谨守一些原则和技巧。

（1）减少消极语言，对事不对人。要想做到有效吵架，我们就要明确一件事——吵架是为了解决问题，而不是为了解决人。所以，冲突双方所有的沟通和行动都应该针对问题，而不要针对彼此，不要互相批评、指责，这只会对彼此的关系造成更多伤害，加剧冲突。

比如，当对方因为项目流程问题而和你产生分歧时，如果你情绪化地和对方说："你连这个最基本的问题都搞不清楚，还好意思跑过来和我讨论？"这类攻击性的语言会伤害对方的自尊，能够激起对方更大的愤怒和反击，对问题解决毫无益处。

此时，双方的有效吵架应该集中精力在工作流程的细节上，一次争论达不成一致，就分几次争论，给足彼此时间和心理的空间，尽量不要将负面情绪带入争吵中，避免将问题延伸到对方的能力、人品、态度方面。

（2）专注当下，不要翻旧账。有些人在吵架过程中，口无遮拦地喜欢翻旧账，把过去的事情重新抖出来，来证明对方多么差劲，想间接证明现在的问题也往往是由对方引发的，等等。这样一来，不但把当下要解决的问题淹没在过去的旧账之中，而且会让对方更加愤怒、失望，甚至破罐子破摔。因为翻出来的旧账有可能就是对方的伤疤，是对方不想面对的过往，这样对方就会想："反正你就是用过去的老眼光看我的，觉得我就是没用的，那我索性就摆烂好了……"

有效吵架要就事论事，专注于当下的问题，专注于此时此刻。

（3）直接表达，不要拐弯抹角。在沟通中，我们要直接、如实地表达自己的想法，不要用模棱两可的语言或是拐弯抹角的方式来表达。

举例来说，如果因为对方的工作失误而造成了彼此之间的冲突，我们在沟通时不要拐弯抹角地说"××同事能力强、办事认真，工作从不失误"之类的话，这种旁敲侧击在对方看来有指桑骂槐之嫌，反而会引发对方的不满。

需要注意的是，这里的直接表达，是指表达我们自己的感受、体验，而不是直接指责对方。比如，直接说"你总是搞错"，就是在指责对方；如果用"我为你这次的失误感到……"这样的沟通方式，就是在直接地表达自己的想法，这样就不会让对方感到攻击性，有助于双方的良好沟通和解决问题。

第八章
管理冲突，打造圆融的人际关系

放弃敌对想法，发展伙伴关系

冲突管理专家发现，那些能够有效地处理人际冲突的高手，都有意无意地遵照了这样一个原则：在互动中努力把冲突双方变成伙伴，而不是对手。正如美国第十六任总统亚伯拉罕·林肯处理与政敌的关系时所说："当我把他们变成我的朋友，我不就是消灭了我的敌人了吗？"

那么，面对冲突，我们该如何放弃敌对想法，发展伙伴关系呢？要想实现这一目标，我们要明白以下几点。

1. 给予对方友善和尊重

在处理冲突的过程中，即便对方的意图和我们的有着巨大的差异和冲突，我们也要克制自己，不要抱有对抗情绪，要做的是充分地理解和尊重对方。

我们能够给予对方充分的友善时，就会最大限度地降低对方的防御心理，使对方愿意和我们建立良好的关系并维护友谊，从而提高我们自身的影响力，让我们有更大可能去影响对方。而威胁和操控对方只会让对方充满敌意，并更加坚守自己的想法和观念。

建立彼此信任、友善的互动关系，避免冲突其实并不难，只要我们能够遵循以下三个互动原则。

（1）真诚坦率。和对方互动时，我们首先要问问自己："我所说的、所做的是否出于坦诚之心，还是我想操纵对方以实现自己的目的？""我有没有开诚布公地向对方表明我的合作态度和目标？"

请记住一点，在互动过程中，我们一定要尊重对方的自主权和选择权，不要强迫对方按我们的意愿行事，要给对方一定的空间和时间，允许对方拒绝我们的要求，不回答我们的问话，而不是给对方压力。

（2）充分共情。当对方向我们表达诉求时，我们能够换位思考，真正设身处地地理解、体谅对方，而不是一味地强调自己的想法和利益。如果能够充分共情对方，我们就更容易和对方进行建设性的互动。

（3）积极反馈。当对方表达诉求时，我们要认真倾听，明确对方的意图，并及时、充分地把自己的想法和立场反馈给对方，主动地和对方交换信息，以便促进双方更好的理解，加深彼此的关系。

2. 坚持正向假设

很多时候，我们之所以和他人产生分歧，往往是因为我们认为自己的意图和动机更纯粹、更正向，而把引发冲突的责任推到对方身上。我们如果带着这个假设和对方互动，就会在无意之中表现得语言刻薄，而且带有对抗情绪，难以耐心地倾听对方。

所以，我们在解决冲突时，最好不要带任何假设。我们如果一定要带的话，就最好假设对方的意图比我们想象中要好。有了这个前提，我们才能开始有效的互动。

3. 选择恰当的时机结束谈话

当双方在沟通过程中出现以下情况时，我们就该想办法结束对话并体面地离开。

（1）当冲突双方或一方有愤怒、怨怼等负面情绪时，适时结束谈话可以避免冲突的升级，给双方冷静和反思的余地。

（2）当对方发出想要结束谈话的信号时，比如，对方说："你的这个问题，我们要回去再考虑一下。"此时，我们如果能适时退出谈话，而不是穷追不舍，就会给对方留下愿意再次沟通的好感。

4. 杜绝不良行为

放弃敌对想法，发展伙伴关系，还在于我们在与他人互动时，一定要杜绝那些可能导致冲突的不良行为，如侵略、操控、评判；否则，双方的关系会产生巨大的裂痕。

（1）侵略。我们要尽量避免把自己的利益凌驾于对方的利益和诉求之上，否则，我们就会在无意之中把我们的想法、欲望强加给对方，让对方感到自己被控制、被征服，感到他们自己的边界被侵犯，这些都会给对方造成威胁，引起对方的奋起反抗。

（2）操控。如果我们想公平、公正地处理冲突，就不要使用操控的手段。比如，通过展示自身的优越感来打压对方，或者通过教导、表扬、同情、批评、否定等手段来诱导对方的思考和行为，使他们失去自信、自尊，无法正确地决策、思考和行动，进而产生焦虑和压力。这些手段都是在操控对方,一旦被对方察觉,就会给双方的关系造成非常大的破坏。

(3)评判。克制自己想要评判对方的冲动。不论我们的评判多么客观、公正,都不会促进彼此的理解,只会让对方反感,使双方的关系更加紧张。

我们能做的,是说出自己观察到的、感受到的东西,不要用控诉、责备的方式来评判对方,而要说出我们受到了什么样的影响。否则,会让对方进入攻击—防御的状态。比如:

评判式沟通:"你总是说话不算话,简直是个骗子。"
非评判式沟通:"你答应我晚上一起吃饭,结果又失约了,而且也没有给我一个正当的理由,这让我非常生气。"

5. 自我训练

为了更好地提升与他人建立伙伴关系的能力,我们可以选定一个自身最在乎的关系,通过不断地经营、增进这段关系,提高我们的能力。

(1)克制攻击对方的冲动,由衷地改善互动方式。当抑制不住地想攻击对方时,我们最好做一些其他的事情来分散一下注意力。当我们能够冷静下来,放弃攻击,我们才能保持理智,也才能清晰地表达自己的诉求、利益和立场,同时保持和对方良性互动的能力。

(2)引导对方沟通的积极性。在解决冲突的过程中,我们会遇到这样的情况：对方不愿意和我们展开对话，甚至不愿意倾听。在这种情况下，我们就要努力引导对方，扭转不利的局面。

比如，强调沟通对双方的重要意义：

"我们只有先确立这个协议，之后的合作才能继续，所以你愿意谈谈对协议的看法吗？"

再如，强调对方的重要性：

"你的意见和建议对我们能否达成协议意义重大，现在请你也说说吧。"

（3）分清哪些是需求，哪些是满足需求的方式、方法。在人际冲突中，有一种冲突往往是因为冲突双方或一方混淆了自身需求和满足需求的方式、方法和立场之间的界限，把方式、方法和立场的不同误认成是需求、利益的不同，使事态越来越混乱，为此争吵不休。此时，我们如果能够停下来，重新审视各自的想法，就会发现之前的冲突其实更像是一场误会。

妻子要求丈夫每天必须下午6点前回家，但丈夫因为工作原因，做不到这一点。夫妻二人为此吵个不停，直到丈夫冷静下来，发现了问题的关键："你要求我每天必须6点前回家，是想让我多陪伴你和孩子吧？"

妻子："不然呢？我就是这个意思。"

丈夫:"这个没问题。我也很愿意多陪伴你和孩子。"

于是,夫妻二人坐下来商量出了一个令双方都相对满意的办法:丈夫尽量争取6点前回家,陪家人一起吃晚饭。丈夫如果加班回不来,就和家人视频10分钟,聊聊天。周末时多安排家庭聚会,提高陪伴家人的质量。

直面冲突，打破条件反射

严重回避冲突的人，当感到自己即将面对冲突时，往往会产生一连串的条件反射：情绪紧绷、大脑一片空白，甚至会有躯体反应，如心跳加速、手发抖……对方还没有做什么，这类人就已然如临大敌、手足无措了。这种过度反应很多时候比冲突本身对他们的影响还大。

基于此，他们如果能够训练自己降低这些条件反射的剧烈程度，就会多一些面对冲突的勇气。

1. 积极的心理暗示

积极的心理暗示非常重要，告诉自己："与他人发生冲突并不是什么大事，冲突不过是一种相对比较激烈的沟通方式而已。"直面冲突，无非有两种结果：一种是帮我们维护自己的想法和利益，同时又不会失去朋友和真正的感情，反而会让朋友和合作伙伴认识到我们的个人价值、真实的想法和个性，继而更加欣赏我们，让我们与对方的关系升温；另一种是，因为我们敢于主张自己的想法和利益而失去那些一心想操控、虐待我们的人，这样的人失去也无妨。

并且，学会告诉自己："我之所以如此恐惧冲突，不是因为我的无能，而是因为我的内心可能存在着创伤性联结，是我的内在小孩在恐惧，它不代表当下的我本人。"

所以，从现在开始，我们不要再委屈自己，不要再失控，而要学习适当展示自己的主动性，敢于发声，敢于拒绝，坚决维护自己的内心秩序和边界……

我们一旦能够发出积极的心理暗示，就迈出了敢于直面冲突的关键一步。

2. 自我训练，建立新的体验

在过往的经验中，如果我们总是在冲突中委屈自己或是处于失控状态，让冲突升级，最终让我们更加排斥冲突，那么我们不妨从现在起，勇敢地面对冲突，训练自己在冲突中建立新的行为模式和关系体验。

从精神分析学派的角度来讲，这样做是改变我们的人格和行为模式的最佳途径。比如，在以往的经历中，我们与人发生冲突时，常常是被伤害、被报复的一方，或者我们完全回避冲突，不论对方说得多么过分、做得多么离谱，我们都委曲求全、照单全收，然后在背地里进行自我攻击，进而导致我们非常害怕冲突，不敢直面冲突。那么，从现在起，我们不再压抑自己的攻击性，通过一点点训练、一点点努力，锻炼自己敢于和他人发生冲突的能力。

在训练的过程中，我们可以先尝试面对小的冲突和挑战，以确保这种冲突和挑战不会带给自己过度的挫败和打击，比如，可以从日常小事开始，逐渐把自己暴露于冲突中，由弱到强，阶梯式地进行自我训练，在训练中不断重构新的经验，进而尝试新的冲突应对策略，最终建立健康的冲突应对机制。

3. 从拒绝开始练起

通常，习惯于回避冲突的人会有这样的经历：多年的朋友打电话向我们借钱时，我们虽然并不想借钱给对方，但是碍于朋友之间的面子，不得不委屈自己，答应朋友。钱借出去之后，自己又不断后悔、懊恼，开始进行自我攻击。因此，从此刻起，我们就训练自己敢于拒绝，练习自己敢于说"不"的能力，不妨对朋友说：

"谢谢你这么信任我。但是很抱歉，我最近也有用钱的打算，暂时帮不了你。你再想想其他办法吧，实在不好意思。"

不敢说"不"的人，一旦能够成功地说出这种拒绝的话，就积累了一点勇气。这个时候，不要忘了鼓励一下自己："我真棒，完成了一次直面冲突的训练。"慢慢地，我们会意识到，许多事情本身并不可怕，只是我们没有大胆尝试而已。

当然，这种训练听起来很容易，做起来并非一朝一夕就能达到理想的效果。所以，我们不要急于求成，毕竟以往的旧有模式已然在我们的内在世界里深深扎根，要想把它们连根拔起，再移植进新的信念和习惯，是一个漫长而艰难的过程，但只要我们能够坚持下来，它一定会给我们可喜的回报。

经过多次敢于拒绝的成功练习之后,我们还可以升级训练难度,比如,试着和对方谈条件、试着在和对方的争执中迅速抓住核心问题,化解矛盾,把对立关系转化为合作关系,等等。

慢慢地,随着训练的增强,你就会越来越清晰地知道:在什么人面前可以有什么样的冲突,冲突到何种程度是双方可以承受的。

4. 弱化冲突的话术

对于习惯性回避冲突的人来说,当有人向他们抛出一个想法或是向他们施加压力时,他们可能不太容易直接表达不同意见。这个时候,他们不妨转化一下,用感谢对方或是夸赞对方作为开头,然后再温和、坚定地表达自己的想法,就可以在一定程度上既坚持了自我,又避免了冲突。

好好说话，可以化解 99% 的冲突

有位谈判专家在总结自己多年的沟通经验时，提到这样一句话："99% 的冲突和失败，都和不好好说话有关。"

的确如此。在日常沟通中，人们如果能够多注意说话时的措辞和语气，学会以平和的态度与他人沟通，那么很多冲突根本就不会发生。我们不妨对照以下这一组对话。

因为多次开会迟到，主管当众批评下属。

主管："每次早会你都迟到，所有人都在等你，你不觉得脸红吗？"

下属："你搞清楚啊，我只有这周迟到次数多了一些，因为家里有事。"

主管："谁家里没事儿啊？你就不能克服一下吗？"

下属："怎么着？我不就迟到了 10 分钟吗？你还没完了！你有本事开除我啊！"

接下来，我们再看看，如果双方好好说话，又会是什么结局呢？

主管私下找下属谈话。

主管："今天早会你迟到10分钟，这周你迟到3次了，能说说原因吗？你以前很少这样的。"

下属："是，是，我这周的确多次迟到，因为家里有事。"

主管："你方便说一下是什么事吗，看我能不能帮上你的忙？"

下属："谢谢主管。我爷爷生病了，我最近在医院陪护。我每天早上从医院往公司赶的时候，有一段路特别堵，就迟到了。"

主管："明白了。那这样吧，早会的事，你就别勉强了，请你的搭档小王录音。你到单位听完录音后告知我一下，让我确保你了解早会内容，好吗？"

下属："好的，好的。多谢主管。"

前后两组对话比较下来，我们不难发现，好好说话多么重要。

我们如果想好好说话、化解冲突，就一定要避免使用下面几种说话方式。

1. 避免不受欢迎的说话方式

一张嘴就站在道德制高点，对人指指点点；或者满嘴大道理，根本不在乎他人的感受；或者出言威胁、质问、训斥……以这样的方式和人沟通，即使对方迫于压力愿意对我们做出让步，那么他们往往心不甘情不愿，脾气火爆的可能还会和我们发生正面冲突。

（1）道德评判。喜欢进行道德评判的人认为自己是最公正的，说话喜欢上纲上线，站在道德制高点评判他人，给人扣帽子。比如，一位长辈看到晚辈40多还不结婚就说：

"你这孩子怎么这么不懂事，还不着急成家立业呢？难道你不知道'男大当婚，女大当嫁'的古训吗？你这样拖拖拉拉，简直是对自己的人生不负责任！"

再如，有的人看到朋友辞掉高薪、稳定的工作，去南方小镇隐居，就批评说：

"你这不是浪费吗？你那么高的学历，还有20多年来积累的工作经验、能力、人脉，能为社会做多少贡献啊？你现在不都白费了吗？"

这种把自己的标准当作普世准则来要求他人，对他人指手画脚的说话方式最让人反感的地方在于，说话的人根本无视他人的感受，把自己的标准强加给他人，对他人横加干涉、操控，他们有着极强的控制欲，总是有意或无意地侵犯他人的自我边界，从而引发人际冲突。

（2）讲大道理。喜欢讲大道理是情商低的沟通方式。明明几句宽慰或是一个拥抱就能解决的问题，喜欢讲大道理的人偏偏要滔滔不绝，使他人按照自己的标准来。

喜欢讲大道理的人往往缺乏同理心，当他人遇到困扰时，他们无法感同身受，只会用大道理来规劝对方。在他们眼中，他人的情绪、感受统统不重要，都在他们那里被简化成对错、优劣：符合他们自认为的"道理"的就是对的、优的，就要照做，否则就是错的、劣的，就要摒弃。这样的简化会误导他人忽视自己的内心需求，苛责自己。

实际上，在多数情况下，生活在一个圈层的人，大家的基本常识和处世逻辑都是相通的，用不着他人来说教。所以，对喜欢讲大道理的人，人们接触几次以后，他们一开口就会让人有一种对抗的冲动。

（3）出言威胁。有一类人想要实现某种目的时，往往喜欢威胁他人：

"你要是不……，我就……"

这种威胁很容易给对方造成对抗情绪，即便对方迫于压力屈从了一时的威胁，但在具体实施的过程中，非常可能寻找一切可能做出有损于对方的事情。而且，这种说话方式如果遇到不怕威胁或是脾气火爆的，会引发暴力冲突。

（4）质问训斥。比如：

"你到底明不明我的意思？"
"这还用说吗，明明是 A 方案更可行啊！"

这种质问、训斥的措辞无论以怎样的语气、语调说出来，都给人一种咄咄逼人的感觉。如果换一种方式来说，可能效果会完全不同。比如：

"我只是想知道我是不是说清楚了这个问题。"
"我觉得 A 方案更可行，你怎么看？"

（5）进行比较。把谈话对象和他人进行比较，让对方觉得自己不如他人，最常见的就是家长总是对自家孩子说"你看看别人家的××，比你强百倍"。

进行比较也是一种评判，它完全隔离了双方的情感沟通。相较于道德评判，进行比较在一定程度上会让听者更加感受到被贬低、被羞辱，更容易激发听者的愤怒、对抗、屈辱的情绪，引发冲突就在所难免。

（6）强人所难。以强硬的态度或是居高临下的态度命令他人如何做，暗含威胁或惩罚之意，比如：

"你赶紧给我……"
"你必须……"

这种说话方式会让听者感受到极大的不尊重，有被役使、被驱使的感觉，听者容易产生对抗情绪。

2. 好好说话要专注三点

好好说话，绝不是措辞优美、语气和善，而是考虑沟通双方的情绪和感受。

（1）客观描述，不妄断、不臆测。要想避免冲突，我们在沟通中要尽量客观地描述自己的所见、所闻，不要主观臆断。有的人喜欢把听到的和自己的主观评判混为一谈，这样常常会让冲突对象感觉自己被批评、被指责，他们就会进行反驳。

比如，主编觉得一篇文稿写得不太符合要求，他如果客观地向作者反映情况的话，可以说：

"你的稿子在……部分，还要再多加……方面的细节。"

而主观评判的说法则是：

"你的稿子很差，大部分都没有细节。"

这样笼统、主观的评判会让对方觉得说话的人对他们有偏见，很不尊重他们，容易引发对方的敌意。

（2）表达感受而非指责。要多表达自己的感受，比如，"这个说法让我感到很难过""我感到不被理解"，而不是指责、评判对方"你为什么要这样说""你太不理解人了"。

表达感受更容易和对方在情绪、情感上产生联结，让彼此的关系更亲近。

（3）直接提出请求而非抱怨。比如：

丈夫："你能不能好好管钱?！谁家过日子像你这样，大手大脚的，一点计划都没有。"

妻子："你还好意思说我？你打游戏买装备花了多少钱，别以为我不知道！"

结果，争吵开始。

如果丈夫在开启对话的时候换一种说法，比如：

"咱们做个财务规划吧，好好管理一下我们的钱，你觉得怎么样？"

丈夫这样说，妻子也许会认真考虑他的建议，而不是急着反驳他。

要想实现自己的主张，就不要以抱怨的方式提出，而要直接、正面地提，而且越具体，越能得到有效的执行。

此外，提出主张和要求时一定要注意语气，不要被对方误以为是命令。比如，丈夫如果说：

"你必须得做个财务规划。"

这样说就成了命令。

好好说话，不是讨好对方，而是重视双方的感受和需要，帮助我们在真诚的基础上和他人进行合作，从而更好地化解冲突。

化对立为合作

要想建设性地化解冲突，我们就要放弃"必须打败对手""你输我赢"的对立思维，使冲突双方达成理解与合作。

1. 多理解他人，寻找共识

合作的前提是双方要达成共识。要想做到这一点，我们首先要多了解对方，通过观察、倾听深度了解对方的真实诉求和愿望。其中，有一个最简单、最实用的方法，就是多多向对方提问题。比如，当对方拒绝我们的时候，我们先不要急于解释我们的诉求多么合理、多么重要，因为当时我们无论怎样解释，在对方看来，其实都是我们在强迫他们接受我们的想法，这往往会引发对方更多的抵触情绪。

相反，我们先给对方一个说话的机会，本着真心了解情况的态度问对方："你为什么不同意我的观点呢？"然后认真倾听，从中就能了解到更多有效信息。了解对方越多，我们越有可能和对方坐在一起探索解决方法、讨论每个方法的优劣，并共同找出最符合各自利益的那一个方案。这个过程就是双方寻找共识的过程，双方一旦有了共识，解决方法往往会自动浮现出来，冲突也就迎刃而解了。

2. 巧妙地提出自己的观点，避免明显的对立

当提出自己的观点时，我们如果太过于直白，往往会变成对对方想法的驳斥，从而容易引发分歧和冲突。比如，当我们以极其生硬的语气说："你说得没错，但是我……""但是"两个字一出口，就会使听的人脑子里警铃大作，立马进入防御状态。我们如果接下来的言语中再有明显针对对方的地方，那就更容易引发彼此的对抗了。

那么，正确的做法应该是什么呢？我们可以通过这类话来减少沟通上的对立，比如，"你说得没错，就我而言……""你说得对，对我来说……"也就是说，我们要减少一些否定的表达，这样能减少双方的对立情绪，沟通起来就会舒服很多。

3. 就事论事，不要把事态扩大化

有的人心中有不满情绪时，为了宣泄出来，会把事情扩大化。这种做法常常会让事态向严重化的方向发展。

在一个设计团队中，A是负责图形设计的设计师，B是团队的项目协调员。近期，A因为个人原因，连续几次未能按时提交设计稿，导致B在协调项目进度时遇到了很大的困难。

B在感到压力和不满的情况下，没有直接与A沟通设计稿提交延迟的问题，而是直接召开了团队会议。在团队会议

上，B以一种较为激烈的语气说道："有些人，比如Ａ设计师，总是拖拖拉拉，根本不把团队的工作当回事。要是大家都能按时完成自己的工作，我们也不会这么被动！"

Ａ一听，心里很不是滋味，于是反驳道："你这是什么意思？谁说我不把团队工作当回事了？我这段时间确实遇到了一些困难，但我也在尽力克服啊！"

Ｂ一听Ａ的反驳，更加生气了，他认为Ａ是在找借口，于是双方开始在会议上争吵起来。原本只是一个小小的设计稿提交问题，却因为双方激动的情绪和沟通不当，演变成了团队内部的矛盾。

这个案例告诉我们，在冲突性的沟通中，我们不要把问题上纲上线，做扩大化处理，聪明的做法是就事论事，将大事化小，小事化无。

4.确认最后的结果和意见

有时候，因为沟通过程很辛苦，消耗了我们大量的心力，就容易出现疲劳或是疏忽。比如，把对方的沉默误认为同意我们所说的；或者对方在某个问题上没有提出反对意见时，我们就默认对方和我们达成了共识。结果，到最后执行的时候我们才发现，事情和我们想象中根本不是一回事。

为了避免出现类似的问题，我们有必要花些时间和精力与对方进行最终的确认，请对方把最终的结果或意见反馈一下，然后双方进行最后确认。

5. 通过提问打破沉默

在冲突过程中，一方或双方有时会通过沉默向对方施压。这是一种冷暴力，是拒绝合作的表现。相较于攻击性语言，沉默造成的伤害和损失同样不容轻视。当对方沉默时，我们就会失去信息交流的通道和沟通的窗口，而且它最大的危害和风险在于，沉默会传递一种假象，让我们误以为双方已经达成共识，结果错失了及时沟通的最佳时机。

所以，我们不要让自己陷入沉默，要学会引导对方走出沉默。要想做到这一点，我们可以通过四个维度的提问来改变对方的沉默。

（1）询问对方的想法。好的问题就是一把钥匙，可以打开对方的心门，让对方愿意向我们敞开心扉。而好问题有一个特点，就是它可以传达我们对对方的关心和好奇。比如：

"我很好奇，你是怎么看这个问题的？"

"我注意到，你刚才说……"

（2）询问对方的感受。在沟通过程中，我们要注意察言观色。如果对方欲言又止或是心事重重，我们就可以适时表达关心，对他们说：

"我觉得你好像有话要说，又顾虑重重，你是有什么担心的吗？"

"你现在一言不发，是不是对我刚才的说法感到很生气，能和我说说吗？"

（3）复述对方说过的话。当对方说完一段话陷入沉默后，我们可以通过复述对方的话来打破沉默。当然，所谓复述绝不是机械地重复，而是概括性地用我们自己的语言表达对对方的理解，以向对方求证。比如：

"你刚才所说的，我能不能理解为……，我说得对吗？"

（4）点破对方的言外之意。有的时候，沟通双方出于某种原因，有些话自己不便直接说出口，但会通过暗示让对方去体会。如果对方处于这样一种情况，那么我们不妨直接点破对方的话外音，直接把对方的意思表达出来。比如：

"你之前发那么大的火，是不是因为……"
"你是不是想用你的沉默告诉我，……"

建设性地管理冲突，化对立为合作，要求我们既要关注冲突中的事件，又要关注冲突中的人，特别是冲突双方的情绪和感受。简单来说，就是先处理情绪，后处理事情。只有双方都处于情绪平和的状态，彼此才能有一个安全的对话环境，事情才能得到圆满的解决。